ちくま学芸文庫

神智学

ルドルフ・シュタイナー
高橋 巖 訳

筑摩書房

本書に使用したテキストは、
RUDOLF STEINER:THEOSOPHIE.
Einführung in übersinnliche Welterkenntnis und
Menschenbestimmung (1904)
Rudolf Steiner-Nachlaßverwaltung
Rudolf Steiner Gesamtausgabe,
GA Bibl.-Nr. 9

〈目次〉

神智学——超感覚的世界の認識と人間の本質への導き

第三版のまえがき

本書第二版の出版に際して述べたことが、この第三版についてもあてはまるであろう。今回も表現をより一層明確にするために、重要と思われる「改訂と補足」を個々の部分に加えた。すでに初版、第二版に含まれている内容で、今回、本質的変更を必要としたものはどこにもなかった。また本書の課題に関して、初版の折に述べたことと、第二版のまえがきの中でそれに加えて付言しておいたことも、現在変更を加える必要が認められない。したがってもう一度ここでその内容を繰り返しておきたい。すなわち——

本書の中で、超感覚的世界の若干の部分を叙述するつもりである。感覚的世界だけを通用させようとする人は、この叙述を空疎な想像の産物と見做すだろう。しかし感覚界を越えていく道を求める人なら、もうひとつの世界を洞察することによってのみ、人間生活の価値と意味が見出せる、という本書の観点をただちに理解してくれるだろう。人間はこの洞察をもつことで——多くの人が怖れるように——「現実」生活から疎外されたりはしない。なぜならそのときこそ、真に生きる態度が学べるのだから。この洞察は人生の諸原因を認識することを教える。この洞察がない場合は、盲人のように、人生の諸結果の中を手さぐりで歩んでいくしかない。超感覚的存在が認識されるとき、感覚的「現実」もまた有意義なものとなる。だから超感覚的認識をもった人が、人生のために一層有能になることはあっても、一層無能になることはない。人生を理解する人だけが、本当に「実際的」人間になることができるのである。

著者は、霊的分野で自分が経験し、証言できた事柄だけを述べている。この意味で自分の体験した事だけが表現されるべきなのである。

本書は今日一般に行われているような読書の仕方で読まれるようには、書かれていない。どの頁も、個々の文章が読者自身の精神的作業によって読み解かれるのを待っている。意識的にそう書かれている。なぜなら、この本はそうしてこそはじめて、読者のものとなることができるからである。ただ通読するだけの読者は、本書を全然読まなかったに等しい。その真実の内容は、体験されなければならない。霊学はこの意味においてのみ、価値をもつ。

通常の科学の立場から本書を評価する場合、その評価の観点は、本書そのものから得られているのでなければならない。批評家がこのような観点に立つときは、勿論本書の論述が真の科学性と矛盾するものではないことを理解するだろう。著者は一言なりとも自分の学問的良心に反するようなことを述べようとはしていない。

別の道を通って、ここに述べた諸事実を求めようと思うなら、私の『自由の哲学』の中にそのような道が見出せる。本書と『自由の哲学』とは、異なる仕方で、同一の目標を目ざしている。その一方を理解するのに他方を必要とすることはないにしても、或る人々にとって、両方の道を通ることは極めて有益な筈である。

本書の中に「究極の」真理を求める人は、おそらく満足せずにおわるだろう。霊学の全領域の中の基本的事実のみがまず述べられているからである。

宇宙のはじめとおわり、存在の目的、神の本質をすぐに問おうとすることは、確かに人間の本性に基づいている。しかし悟性のための言葉や概念よりも、人生のための真の認識の方を大切にする人なら、霊的認識の基本を扱う書物の中では、叡智の高次の段階に属する事柄を語れない理由が分るであろう。事実、基本を理解することによってはじめて、高次の問題提出の仕方が明らかになるのである。本書に続く第二の書である著者の『神秘学』(一九一〇年に出版された『神秘学概論』のこと――訳者)の中に、ここで扱われた領域に関する、より以上の叙述がある。

第二版のまえがきでは補足的に次のことが付言された。――今日、超感覚的諸事実の表現を行う人は、二つの点をはっきり知っておく必要がある。第一に、われわれの時代が超感覚的認識の育成を必要としていること、しかし第二に、今日の精神生活の中には、このような表現を、まさにとりとめのない幻想、夢想であると思わせる考え方、感じ方が充満していることである。現代が超感覚的認識を必要としているのは、通常の仕方で人が世界と人生を経験する場合、その経験内容がその人の中に、超感覚的真実を通してしか答えることのできぬ無数の問題を喚び起すからである。人が存在の基礎について今日の精神潮流の内部で学べることは、より深く感じとる魂にとっては、世界と人生の大きな謎に対する解答ではなく、問いでしかない。しばらくの間は、「厳密な科学的事実が教えること」や現代の何人かの思想家の所説の中に、存在の謎を解決してくれるものがあると信じることができるかもしれない。しかし魂が、自分自身を本当に理解しはじめるときに入って行かねばならぬ、あの深層にまで入っていくなら、はじめ解決のように見えたものが、真の問題のための問題提起に過ぎなかったように思われてくる。

この問題への解答は、人間の単なる好奇心に応じるべきではない。魂のいとなみの充実と内的平静がまさにこの解答如何にかかっているのだから。そして努力してこの解答を見出すことは、知的衝動を満足させるだけでなく、仕事に有能な、人生の課題に対処しうる人間を作る。この問題が解けぬ場合は、魂だけでなく、結局は肉体をも萎えさせる。超感覚的存在の認識は、単なる理論的要求にとってだけでなく、実生活にとっても有意義なのである。だから現代の精神生活の在り方の故にこそ、霊的認識はわれわれの時代にとって不可欠な認識領域なのである。

他面、今日の多くの人は、もっとも必要としているものを、もっとも烈しく退けようとしている。「確実な科学的経験」の基礎の上に打ち立てられた多くの見解の強制力があまりに大きいために、人々は本書のような書物の内容を、根拠のないナンセンスと取ること以外何もできないでいる。超感覚的認識内容を論じようとする者は、どのような幻想をもまじえずに、この現実に向き合うことができなければならない。

当然人は、このような者の主張に対して「誰も非難できない」ような証明をして見せよと要求してくるだろう。だが、こう要求することで、ひとつの錯覚に陥っていることに、人は気づこうとしていない。なぜなら、人は事柄の中に存する証明ではなく、自分が認めたがっているもの、もしくは認めることのできるものを無意識に要求しているだけなのだから。本書の中には現代の自然認識の基盤の上に立つ人が肯定できぬようなものは何ひとつ述べられていない。著者は、自然科学の一切の要請に応じることができたと思っている。それだからこそ超感覚的世界についての本書の論述は、論述の仕方そのものの中に、その根拠を見出しうるのである。というよりは、真の自然科学的な考え方こそ、本書の表現の仕方に身近なものを感じる筈である。そして真の自然科学的な考え方の上に立つ人は、深い真実を含んだゲーテの言葉「偽りの教えは反論を許さない。なぜならその教えは偽りを真だと確信しているのだから」を、しばしば議論に際して実感させられるであろう。議論は、それが自分の思考方法の中に存する論拠だけを通用させようとする人との間で交されるなら、不毛でしかない。「証明すること」の本質をよく知っている人は、人間の魂が真なるものを発見するのは、そういう議論とは異なる道の上においてである、ということをよく知っている。

本書は、第二版においても、このような考え方から読者の手に委ねられたのである。

ルドルフ・シュタイナー

第六版のまえがき

本書が新しい版を必要としたとき、ほとんど毎回、私は全体に亘って改訂を加えてきた。今回もまた私はこの課題に従った。この改訂版については、第三版のときと同じことがいえると思うので、本文の前に「第三版のまえがき」を入れておく。

とはいえ今回は、以前の諸版の場合以上に、多くの箇所の表現を一層明確にできるように、特に心掛けた。このためにはなお非常に多くの努力が費やされねばならない。しかし霊界について叙述する場合、事実や体験を表現するにふさわしい、適切な言葉や語法が問題になってくるが、これが見出せるかどうかは魂の進む道によってきまってくる。この道の上で「正しい時が来ている」なら、意図して探し出そうと努力しても見つからなかった表現が、おのずと明らかになる。私はこの新版のいくつもの箇所で、霊界認識上特に重要な個々の内容に関して、重要な表現を見出すことができたと信じている。本来そうあるべきであるような表現が、今回はじめて、かなりの部分で可能になったと思う。本書の初版が出たのは十年前のことだが、本書はそれ以来、霊界認識のために行ってきた私の魂の苦闘の過程をずっとともにしてきた。構想も語法もそのすべての本質的部分において、この版は初版とまったく同じである。けれども私がこの十年間どれ程生きた存在としての本書に、私の霊的研究の成果を与え続けてきたか、本書の多くの箇所がそれを示している——と、そう今ここに書くことが許されると思う。本書は旧著の新版であって、新たに書き下ろされたものではないのだから、その限りでは、どれ程手を加えたにしても、変化は当然ただ一定の限られた範囲内に留まる。それ故私は、特に個々の「補遺」の中で、読者がもつと思われるあれこれの疑問に対する答えを、本書そのものが示せるように努力した。

私は、激動する時代のさ中に、魂を震撼させられつつ、本書第六版のこのまえがきを書いている。印刷が一八九頁（本書二二六頁）まで出来上がったとき、今人類の体験している運命的な事件がヨーロッパを襲った。このような時代の魂に襲いかかってくるものを暗示することなく、このまえがきを書くことは私には不可能に思える。

ベルリン　一九一四年九月七日　　　　ルドルフ・シュタイナー

第九版のまえがき

本書がこれまで版を重ねる度にしてきたように、今回も私は全面的に改訂を加えた。この改訂はかなりの量の内容上の敷衍と補足にまで及んだ。特に「霊の転生と運命」の章はほとんど全面的に書き直された。これまでの版に含まれていた霊学研究の成果は、そのいずれにも変更を加える必要がなかった。したがって以前の版の中にあった本質的部分は、何ひとつとして省略されていない。逆に多くの事柄が書き加えられている。

霊学の領域では、一度述べたことに、さまざまの観点から照明を当てることで、もっと明確な表現を与えようという要求が絶えず生じてくる。そのために新しい用語を造り、新しい表現形式を見出そうとする場合、どれ程魂の絶えざる経験の成果に負うところが大きいか、すでに第六版のまえがきの中で述べておいた。特にこの度の新版に際して、私はこのことを痛感させられた。それ故この版は「大幅に増補改訂された」ということができる。

ベルリン　一九一八年七月

ルドルフ・シュタイナー

この書の新版のために

一九一八年の第九版の出版を前にして、私は本書に念入りな推敲を加えたが、そのとき以来、ここに表現されている人智学的世界観に対して出された反対の側からの文献の数は、かなりの量に達している。一九一八年の改訂に際しては、多くの加筆と補足が加えられたが、今回の新版のためには、それ程の改訂は為されなかった。しかし私は自分の諸著作のさまざまな箇所で、可能と思われる非難を自分で自分の立場に加え、その非難の重さを計り、その非難を無力なものにしてきた。これらの文章に注目してくれるなら、反対側の文献に対して私の言おうとする本質的な点が分ってもらえるだろう。私の魂の内部で、一九一八年からの四年間、人智学的世界観は、多くの側面での拡大と深化とを遂げたにもかかわらず、今回は内容を一九一八年のときと同じように改訂しなければならぬと考える内的理由がなかった。この四年間のその拡大と深化が、本書の内容を変更させることはなかった。反対に、あのとき以来認識できた事柄に照らして見ても、この基本的著作に内容上本質的な変化を加える必要のないことが明らかになったのである。

シュトゥットガルト　一九二三年一一月二四日　　ルドルフ・シュタイナー

序論

ヨーハン・ゴットリープ・フィヒテ（一七六二―一八一四年）が一八一三年の秋、完全に真理の奉仕にささげた生涯の成果である「知識学」について講演したとき、冒頭で次のように述べた。

「この学説はひとつのまったく新しい内的感覚器官を前提としております。この器官によって、通常の人間にとっては全然存在していない、ひとつの新しい世界が与えられるのです。」こう述べた彼は、次いで、自分の学説が通常の感覚世界の諸経験をもって判断しようとする者にとって、いかに把握し難いものであるかを、比喩によって示した。――「盲目に生れついた人々の世界を考えてみて下さい。その人々にとって、触覚によって存在する事物やその状態だけが知られているとします。この人々のところへ行き、光と視覚がなければ存在しない色彩その他の事柄について語るとしましょう。皆さんは実在しないものについて語っていることになりかねません。その人たちがそう言うとすれば、むしろ有難いことです。なぜならそれによって、皆さんはすぐ誤謬を犯したことを知り、その人たちを見えるようにすることができない場合、そのような無駄な語りかけを続けるのをやめるでしょうから。」

フィヒテがここで暗示しているような事柄について、人々に語ろうとすれば、当然、盲目に生れついた人々の中で眼の見える人がもつのと同様な状況に陥る。しかし事柄は人間の真の本質と至高目標とに係わる問題である。だから「無駄な語りかけはやめる」必要があると思うことは、同時に人類の将来に係わろうとしない態度をも意味する。むしろこの問題に関しては、正しい意志をもってのぞむなら、どんな人でも「眼を開く」ことができるのだということを、一瞬たりとも疑うべきではないのである。

以上のことを前提にしていたからこそ、外的諸感覚には隠された、人間の真の本質を認識させる「内的感覚器官」の存在を自己のうちに感じたすべての者は、語ったり書いたりしてきたのである。事実、太古の時代から繰り返して、このような「隠された叡智」について語られてきた。

このような叡智を獲得した者は、健全な眼の持ち主が色彩を知覚するのと同じ確かさで、その叡智が自分の中に生きているのを感じる。だからこの「隠された叡智」は、彼にとってはいかなる「証明」をも必要としない。そしてまた、自分と同じように「高次の感覚」

が開けた者にとっても、証明が不必要なことを、彼は知っている。そのような人に対して、彼は語ることができる——ちょうどアメリカを旅行してきた者が、まだアメリカへ行ってはいないが、いつか機会があれば、彼の見たものを同様に見物できると思って彼の話を聴きに来た人にも、その旅行について語ることができるように。

しかし超感覚的事物の観察者は、これから霊界を探求しようとする者に対してのみ語るべきではない。彼は自分の言葉を、すべての人間に向けねばならない。なぜなら、彼はすべての人間に係わる事柄について述べようとするのであるから。それどころか彼は、どんな人もこれらの事物の知識なしには、言葉の真の意味で「人間」であることはできない、ということを知っている。さらにまた、彼がすべての人間に対して語るのは、彼の言おうとする事柄には、さまざまな程度の理解が存することを知っているからでもある。自分自身で霊的な探求ができるようになる瞬間にはまだほど遠い人たちでも、彼に理解を示すことができる、ということを彼は知っている。なぜならどんな人の中にも、真理に対する感情と理解力とが存在しているからである。すべての健全な魂の中で輝くことのできるこの理解力に、彼はまず頼るのである。

この理解力の中には、次第により高次の認識へ導いていくひとつの力が内在している、ということをも彼は知っている。また真理に対する感情は、はじめのうちは自分に向けて語られる事柄について、何も見ることができないかも知れないが、この感情自身が「霊眼」を開いてくれる魔術師なのである。この感情は暗闇の中に生きている。魂は見ることができない。しかしこの感情を通して、魂は真理の力に捕えられる。そうすると、真理が次第に魂の方へ近寄って来て、遂には魂のために「高次の感覚」を開いてくれる。或る人は短期間のうちに、他の人はもっと長い期間を経たのちに、このことを体験する。忍耐と持続力をもつ者がこの目標に達するのだ。

なぜなら、盲いた人のすべてが見えるようになれなくても、霊眼はどんな人もこれを開くことができるのだから。ただそれがいつ開けるかという時間の問題だけが残されている。

学識と科学的教育とは、この「高次の感覚」を開くための条件にはならない。素朴な人間にも知的水準の高い人にも、等しくこの感覚は開かれる。現代が「唯一の真なる」科学と呼ぶところのものは、この目標にとって促進的というよりも、むしろ妨害的にさえ作用する。なぜなら、この科学は当然、通常の諸感覚に通用するものだけを「現実的」であるとして受け容れるからである。そしてこの現実を認識するのにどれ程偉大な功績をあげているにしても、この科学は自分に必要であり、自分を成功させてくれるものだけを、人間の一切の知識の規準であると言明することで、同時に高次の諸現実への通路を閉ざす無数の偏見を産み出しているのである。

しばしば、以上に述べた事柄に対して、人間の認識には「越えられぬ限界」がある、という反対が為されている。人はこの限界の外には出られない。それ故このような「限界」に気づかぬ一切の認識行為は否定されねばならない、というのである。そして人間の認識能力の限界を越えていると断定されている事柄について、何かを主張しようとすれば、身の程を知らぬ態度だとされるのである。こうした非難をする人は、高次の認識には人間の認識能力の開発が先行していることをまったく見過している。高次の認識能力を開発する以前には、認識の限界の彼方にあったものも、各人のうちにまどろんでいる諸能力の開発以後は、認識領域の内側にある。

その際次のような意見は、もちろん無視できない。——一体何の必要があって、一般の人の認識能力がまだそこまで及んでいず、したがって一般には、まだ閉ざされている事柄について語ろうとするのか。

しかしこの疑問の出し方は正しくない。必要な事柄を見つけ出すためには、或る種の能力がなければならない。しかし見つけ出された事柄がその後一般に伝達される場合、とらわれぬ論理と健全な真理感情をもっている人なら誰でも、これを理解することができる。本書で述べられているのは、偏見に曇らされぬ開かれた思考と遠慮のない自由な真理感情とを働かせるすべての人に対して、この思考と感情の力だけで人間生活や世界現象の謎に十分接近していけるのだ、という印象を与えうる事柄だけなのである。もし本書で主張されている事柄が真であるなら、人生は本当に十分解明できるのか。そのように、人は一度問いかけてみるべきだ。そうすれば、各人の人生がその確認を与えてくれることに気がつくだろう。

存在のこの高次の諸領域の「教師」であるためには、もちろんこれらの領域のための感覚が開かれているだけでは十分でない。彼には、日常的現象の領域の教師にとって科学が必要であるように、ひとつの「科学」が必要なのである。感覚的現実の世界に対して健全な感覚をもっているというだけでは「学者」になれないように、「高次の視覚」をもっているというだけでは霊界の通暁者にはなれない。

事実、現実界はすべて、低次の物質的現実界も高次の霊的現実界も、同一の根本存在性の二つの側面に過ぎない。だから低次の認識において無学なものは、高次の事柄においても無学であるに留まる。この事実は、霊的召命を受けて、存在の霊的諸領域について語る義務を感じている者に、限りない責任感を呼び起す。それは彼に謙遜と慎しみ深さを義務として課する。

とはいえ、この事実が高次の真理を学ぼうとするどんな人の意欲をも妨げてはならない。また、通常の学問研究にたずさわる機会を持たぬ人の意欲の妨げとなってもならない。なぜなら、人は植物学、動物学、数学、その他の科学諸分野について何の理解も示さずにも、人間としての務めを果すことができるが、超感覚的な事実を知ることで明らかにされた、人間の本質と使命とに何らかの仕方で係わることなしには、言葉のまったき意味において「人間」であることはできないからである。

人間が仰ぎ見ることのできる至高のものは、「神的」と呼ばれる。人間の最高の使命は、この神的なものとの関連において考えられねばならない。それ故、感覚的存在を超越した叡智、人間の本質と使命とを明示する叡智は、「神的叡智」もしくは神智学と名づけられるであろう。人生における、そして宇宙における霊的活動の考察には、霊学という言葉を与えることができる。本書で為されているように、霊学の中で特に人間の霊的本質の核心に係わる諸問題を取り扱う場合、「神智学」という表現が用いられる。なぜならこの表現は数世紀に亘ってこのような観点から使用されてきたからである。

以上に述べたような立場から、神智学的世界観の素描が本書の中で試みられている。著者は、外的世界の体験が眼と耳と悟性とにとって事実であるのと同じ意味で、事実であるものだけを表現しようと欲している。

本書では、その最後の章に素描された「認識の小道」を歩もうとするなら、誰でも手に入れることのできる体験内容が扱われているのである。健全な思考と健全な感受性だけでも、高次の世界から来る真の認識内容のすべてを理解できるということ、この理解をもとにして確固たる土台を築くとき、すでに自分の霊眼を開くための重要な歩みが始まっているということ、この二点を前提にするとき、人は超感覚的世界の諸事象に正しい仕方で向き合っている。

勿論このことだけでは霊眼を開くのに不十分であり、別の事柄がつけ加えられねば、超感覚的体験を所有しているとはいえないであろう。しかし以上の道を馬鹿にして、別のやり方だけで高次の世界へ押し進もうとすれば、真の高次の認識への扉は閉ざされ続ける。高次の世界を、自分で見ることができたときはじめて肯定しようとする態度は、見る行為そのものに対する妨害となる。後になって見ることのできるものを、その前に健全な思考によって理解しようとする意志こそ、この見る能力を促進するのである。この意志が「見者の直観力」を育てる重要な心的能力を喚び起すのである。これが原則である。

人間の本質

ゲーテの次の言葉は、人間の本質を認識する道のひとつの発端を見事に表現している。

「人間は自分の周囲に対象を認めると、すぐにそれを自分自身との関係において考察し始める。そしてそれは当然である。なぜなら、対象が自分の気に入るか否か、自分を惹きつけるか否か、有用か有害か、ということに人間の運命全体がかかっているのだから。事物を観察し判断する際のこのまったく自然なやり方は、誰もがそうしてしまうくらいだから、容易なやり方のように思われている。けれども、人間はそうすることで、無数の誤謬にさらされており、その誤謬がしばしば自分を赤面させ、自分の人生を辛いものにしているのである。

自然の諸対象をそれ自身において、もしくはそれら相互の関係において、考察しようと努める人たちは、その活発な認識衝動の結果、はるかに困難な日課をひきうけることになる。なぜなら、物事を自分との関係において考察していたときには助けになっていた尺度が、もはや役に立たないことに、すぐ気づかされるからである。彼らには、気に入るか気に入らぬか、心が惹きつけられるか反発を感じるか、有用か有害か、の尺度が欠けている。彼らはこのような判断の仕方をあきらめ、平等な、いわば神的な態度をとり、気に入るものをではなく、存在するところのものを、探求しなければならない。真の植物学者は、このように、植物の美や有用性をではなく、植物の形成、他の植物との関係を探求し、そしてすべての植物が太陽によって誘い出され、照らし出されるのを観察するときのように、同じ静かな眼をもって、すべての植物を観察し、吟味し、そしてこの認識のための尺度、判断の材料を自分からではなく、彼が考察する事物の世界から取り出さねばならないのである。」

ゲーテによって語られたこの思想は、人間の注意を三つのものに向ける。

第一は、感覚の門を通して、絶えず人間に触、嗅、味、聴、視の情報を流している対象である。第二は、この対象が彼に与える印象であるが、それは人が或るものに共感をもち、他のものに反感をもつときや、或るものを有用と見、他のものを有害と見るときに、対象から受けとる、気に入る、気に入らないの印象であり、欲望や嫌悪を呼び起こす印象である。さらに第三は、人が対象に対して「いわば神的な態度をとることで」獲得した認識内容である。彼に明かされるのは、この対象の作用と在り方の秘密である。

この三つの領域は、人間の生活の中では、はっきり区別されている。それ故、人間は三重の仕方で世界と結びついているのである。第一に人間は、所与の事実としての眼前の世界と結びついている。第二の仕方によって、人間は世界を、彼自身の要件、彼にとって有意義な何かにする。第三の仕方を、彼は絶えず努力すべき目標と定める。

なぜ世界は、人間に対してこのように三重の仕方で現れるのか。ひとつの単純な考察がそれを教えてくれる。——私が花の咲いている牧場を通るとしよう。花々は私の眼を通して、その色彩を私に伝える。このことは所与として私が受け容れる事実である。私はその華やかな彩《いろどり》を楽しむ。このことによって、この事実は私の要件となる。私は自分の感情によって、花々を私自身の在り方と結びつけたのだ。一年後、ふたたびまた同じ牧場を通るとしよう。そこにあるのは、別の花々だ。もう一度、喜びの感情がそれらを通して私に生じてくる。去年の私の喜びも、思い出として立ち現れてくるだろう。その喜びは、私の中に存在しており、それを呼び起した対象は、もはや存在していない。しかし今、私が眼の前に見る花々は、去年の花々と同じ種類のものである。それらは、去年のものと同じ法則に従って、生長しているのだ。もし私がこの種類とこの法則とを知っているなら、それを去年の花々の中に認めたように、今年の花々の中にもふたたびそれを見出すだろう。

そこで私は、おそらく次のような感想をもつであろう。去年の花々は消え去ってしまった。それらに対する私の喜びの感情は、記憶の中に残っているだけであり、その感情は、私の存在と結びついて存在しているだけである。しかし去年私が花々について認識し、今年もふたたび認識するもの、それは、このような花々が生えている限りは存続するだろう。それは、私に開示されたものではあるが、私の喜びとは異なり、私の存在に依存していない。私の喜びの感情は私の中にある。花々の法則と本質は私の外に、世界の中にある。

このように人間は、常に三重の仕方で世界の事物と結びついている。今のところは、この事実の中へ何の解釈ももちこまず、この事実が現れるままをただ受け容れるだけにしておこう。今明らかになったことは、人間がその本質の中に三つの側面をもっている、という事実である。ここではさしあたり、体、魂、霊という三つの言葉で、この三つの側面を暗示しておきたい。この三つの言葉に何らかの先入見や仮説をもって対するかぎり、以下の論述はどうしても誤解されざるをえないだろう。体とはここでは、上例の牧場の花のような周囲の事物を、人間に示すところのものを意味する。魂とは、人間を事物と結びつけ、人間に気に入る、気に入らない、快と不快、喜びと苦しみを感じさせるところのもの、と解されるべきである。霊とは、もし人間が——ゲーテの表現を用いれば——事物を「いわば神的な態度」で観るとき、彼に開示されるものを意味する。

この意味で人間は体と魂と霊とから成っている。

体を通して、人間は一時的に自分を事物と結びつける。魂を通して、人間は事物が与える印象を自分の中に保持する。そして霊を通して、事物自身がみずから保持しているものが彼に啓示される。人間をこの三つの側面から考察するとき、はじめて人間の本性の解明が期待できるようになる。なぜならこの三つの側面は、人間が三重の異なる仕方で、世界と同質の存在であることを示しているからである。

体としての人間は、感覚に対して外から自己を現すところの事物と同質である。外界の素材が、この人間の体を構成している。外界の諸力がその中にも働いている。そして人間は、外界の事物を感覚によって観察するのと同じ仕方で、自分自身の身体的存在をも観察できる。しかしこれと同じ仕方で、魂の存在を考察することはできない。私の体的事象のすべては、身体的諸感覚によっても知覚できる。私が好んでいるか、嫌っているかということ、私の喜びと苦しみは、私も他人も、身体的感覚によっては知覚できない。魂の世界は、体的な見方にとって、手のとどかぬ領域である。人間の体的存在は、万人の眼に明らかである。人間は魂の存在を、人間自身の内部に自分の世界として担っている。しかし霊によって、外界が高次の仕方で人間に示される。外界の秘密が明かされるのは、人間の内部においてであるが、しかし人間は、霊的存在として、自分の外へ出ていき、そして事物に事物自身のことを語らせるのである。人間にとって意味のあることをではなく、事物自身にとって意味のあることを。

人間は星空を見上げる。魂が受ける感動はその人間のものだ。しかし彼が思想として霊において把握する星々の永遠の諸法則は、彼にではなく、星々自身に属している。

かくして人間は、三つの世界の市民である。その体を通して、彼は身体が知覚するところの世界に属し、その魂を通して、彼自身の世界を構築し、その霊を通して、この両者の及ばぬ世界が彼に啓示される。

このように、この三つの世界は、本質的に異なっているので、この三つの世界並びにそれらに対する人間の係わり方を明らかにしようと思うなら、三つの異なる考察の仕方によらねばならない。

一　人間の体の本性

身体の諸感覚によって、人間の体を知ることができる。その際の考察の仕方は、その他の感覚的に知覚しうる事物を知るときのそれと同じである。鉱物、植物、動物を観察するように、人間を観察することができる。人間は鉱物、植物、動物という三つの存在形式と同質なのである。鉱物同様、人間はその身体を自然の素材から構築する。植物同様、人間は生長し、生殖する。動物同様、人間は周囲の対象を知覚し、その印象をもとにして、自分の中に内的体験を形成する。だから鉱物的、植物的、動物的存在をも、人間の中に認めることができる。

鉱物、植物、動物の構造上の相違は、存在の三つの形式に相応している。そしてこの構造つまり形態が、感覚的に知覚できる体といわれているものなのである。しかし人体は動物の体と同じではない。その相違は、たとえどれ程人間と動物との類似が考えられるにしても、すべての人によって認められねばならない。

魂の存在をすべて否定するもっとも過激な唯物論者でさえ、カールス（一七八九―一八六九年）がその著『自然認識と霊認識のための教程』の中で述べた以下の命題に対しては、署名して同意を表せざるをえないであろう。――「神経組織、特に脳の微妙にしてこの上もなく内的な構造は、生理学者や解剖学者にとって、依然として解き難い謎であるが、しかし諸器官のあの集中、統一が、次第に動物性の中で高まっていき、そして人間において他のいかなる生物の中でも達せられなかった程度にまで到達しているということ、このことは完全に確認された事実である。この事実は、人間の霊的発展にとって最高の意味をもつ。否、われわれは、この事実が人間の霊的発展に対するすでに十分なる説明になっている、とさえ言い切ることができる。それ故脳の構造がしかるべき発達を遂げず、小頭蓋症や白痴におけるように、その構造に小ささ、貧しさが現れている場合、発育不全の生殖器官をもった人間に種族の繁栄が望めないように、独創的な着想や認識を望むことはできない。これに反して、力強く、美しく発達した人体、特に頭脳の構造は、まだそれだけでは天才の代りにはならないだろうが、いずれにせよ高次の認識のための第一の、もっとも不可欠の条件を充たしてくれるであろう。」

　人体には存在の三つの形式、鉱物的、植物的、動物的形式が備わっているが、さらに第四の、独自の人間的形式がこれにつけ加えられねばならないのである。その鉱物的存在形式によって、人間は一切の可視的存在と同類であり、その植物的存在形式によって、生長し、生殖するすべての生物と同類であり、その動物的存在形式によって、環境を知覚し、外的印象をもとにして内的体験をもつ一切のものと同類である。そしてその人間的存在形式によって、人間はすでに体的関係において、それ自身で独自の世界を形成しているのである。

二　人間の魂の本性

人間の魂の本性は固有の内面世界であり、この点でその体的本性から区別される。この固有の世界は、もっとも単純な感覚的知覚に注意を向けるだけで、ただちに立ち現れてくる。

他の人間も彼自身とまったく同じ仕方で、このような単純な感覚的知覚を体験しているのか否か、誰もはじめはそのことを知ることができない。色盲は事物を、さまざまな灰色のニュアンスの中でしか見ない。あるいは特定の色のニュアンスが知覚できない。その眼が伝える世界像は、正常の視力をもった者の世界像とは異なる。同じことが多かれ少なかれ、他の諸感覚についてもいえる。どんな単純な感覚的知覚も内面世界に属しているということが、ここからただちに理解できる。私は、自分の身体の諸感覚をもって、他人もまた知覚するであろうところの朱ぬりのテーブルを知覚することができる。しかし他人のもつ、色の感覚を知覚することはできない。

したがって、感覚的知覚は魂的内容に属する、といわざるをえない。この事実がまったく明瞭に把握されるなら、内的体験を単なる脳のプロセスもしくはそれに類した事柄とは見做さなくなるであろう。

感覚的知覚に続いて、感情がこれに加わる。ひとつの知覚体験も快または不快を人間に感じさせる。それも彼の魂の内的ないとなみの現れである。しかし人間は、感情の中で、外から彼に働きかけてくる世界に対して、第二の世界を創り加える。さらに第三のもの、すなわち意志がこれに加わる。意志によって、人間はふたたび外界に作用を及ぼす。そしてこのことによって、彼は自分の内的本質を外界に刻印づける。人間の魂は、その意志行為を通して、いわば外へ流出する。人間の諸行為は、内面生活の刻印を担っている点で、外的自然の諸事件から区別される。

このように魂は、人間固有の世界として、外界に対置されている。人間は外界からさまざまの刺戟を受けとる。しかし彼はこれらの刺戟に即応して、ひとつの固有の世界を形成する。体的本性は魂的存在の底層になる。

三　人間の霊の本性

人間の魂の存在は、身体によって規定されているだけではない。人間は、方向や目標をもたずに、感覚印象から感覚印象へとさまようのではない。彼は外から、あるいは身体のいとなみを通して、働きかけてくる任意の刺戟の印象だけで行動するのではない。彼は自分の知覚内容や自分の行動について、あれこれと思考する。知覚内容を思考することで、彼は事物についての認識を獲得する。自分の行動について思考することで、彼は理性に適った関連を生活にもたらす。そして彼は認識においても行動においても、正しい思想に導かれているときにのみ、人間としてふさわしい仕方で、課題が達成できることを知っている。魂はそれ故、二面の必然性に向き合っている。すなわち体の諸法則によって自然必然性に規定されているとともに、正しい思考に導く諸法則の必然性にも進んで自分を従わせている。人間は、自然を通して新陳代謝の法則に支配されている一方、みずからを思考の法則に従わせている。

この後の方の態度によって、人間は、体が属している秩序よりもより高次の秩序に、つまり霊的秩序に属するものとなる。体が魂から区別されるように、魂もまた霊から区別される。体内で作用している炭素、水素、窒素、酸素の分子だけについて語る限り、人は魂に注意を向けていない。魂の生活は、このような作用の内部で、甘味を感じたり、快感をもったりする知覚内容が現れるとき、はじめて開始されるのである。同様に、自分をまったく外界と身体生活とに委ねているときの魂の諸体験だけを見ている限り、人は霊に注意を向けていない。体が魂の基礎であるとすれば、魂はむしろ霊の基礎なのである。

自然の研究者は体を、魂の研究者（心理学者）は魂を、そして霊の研究者は霊を問題にする。自分自身の考察を通して、体、魂、霊の区分を明らかにしようとすることは、思考によって人間の本質を解明しようとする者に課せられた課題である。

四　体、魂、霊

人間は、自分の本性の内にある思考の意味を明らかにするときにのみ、正しい仕方で自己を解明することができる。脳は思考の身体器官である。正常に発達した眼の所有者だけに色が見えるように、ふさわしい発達をとげた脳の所有者だけに、思考する力が与えられる。

人間の身体全体は、霊の器官である脳の中にその最高成果が見られるように、形成されている。人間の脳の構造は、脳の課題を考えるとき、はじめて理解できるようになる。その課題とは、思考する霊の身体的基礎となることである。動物と比較してみれば、このことが分る。水陸両棲動物にあっては、脳は脊髄に比してまだ小さい。哺乳動物になると比較的大きくなる。人間の場合、それは残りの身体全体に比して最大である。

思考についての今述べたような見方に対して、或る種の偏見が支配している。或る人々は思考を過小評価し、「内的な感情生活」、「感受性」をより高くおこうとする。「冷たい思考」ではなく感情の熱さ、感受性の生まなましい力を通してこそ、人は高次の認識にまで高められるのだ、とさえいわれている。このように語る人々は、透徹した思考が感情を鈍感にするのを恐れている。有用か否かだけを問題にする日常的思考にあっては、確かにそのような場合が存する。しかし存在の高次の領域へ導く思考内容の場合には、逆のことが生じる。高次の世界と係わる純粋で、水晶のように透明な思考内容が呼び起す熱さ、美、高揚感に比較できるような感情や感激など、存在しない。最高の感情は、「おのずと」現れてくる感情なのではなく、精力的な思考作業の中で獲得される感情なのである。

人体は思考にふさわしい構造をもっている。鉱物界にも存在する素材と力は、人体の中で思考が十分活動できるように、構成され、結合されている。この課題にふさわしく形成された鉱物的構造を、以下の考察においては、人間の肉体と呼ぶことにしたい。

人間の中心の座としての脳に向けて組織されているこの鉱物的構造は、生殖を通して生じ、成長を通して完成された形態を獲得する。生殖と成長とは、人間が動、植物と共通してもっているものである。生殖、成長を通して、生あるものは生なき鉱物から区別される。生あるものは、生あるものから胚種を通して生じる。子孫は、生あるものの系列の中で、祖先と結びついている。鉱物を生じさせる諸力は、その鉱物を構成する素材そのものに働きかける。水晶は、珪素と酸素との中で働く諸力によって形成され、その諸力は水晶の中で統一された力となって存在しているが、オークの木を形成する諸力は、回り道をして、胚種を通り、親木の中に求められねばならない。オークの形態は生殖に際して祖先から子孫へと伝えられる。内的な、生あるものに生得の諸条件が存在するのである。

かつては、下等動物は魚をも含めて、泥から発生する、と考えた未熟な自然観もあったが、生あるものの形態は遺伝によって伝えられるのだから、或る生物がいかに成長するかは、どのような父母から生じたのか、換言すればどの種に属するのか、に依存しているのである。生物を構成している素材は絶えず入れ替わるが、種は生命のある間は存続し続け、子孫に遺伝されるのだから、種が素材の組み合わせを決定しているのだといえる。この種を形成する力は、生命力と名づけられる。鉱物の力が結晶の中で自己を表現しているように、形成する生命力は動、植物の生命の種もしくは形態の中で自己を表現している。

人間は鉱物の力を体的諸感覚を通して知覚する。そして人間は、そのための感覚をもっているものだけしか知覚できない。眼の感覚なしには光の知覚はなく、耳の感覚なしには音の知覚はない。もっとも下等な生物体は、人間のもつ感覚のうち、一種の触覚だけしかもっていない。そのような生物体にとっては、人間のもっている知覚の種類でいえば、ただ触覚によって認識できる鉱物の力だけしか存在しない。高等動物が他の諸感覚を育成する度合に応じて、環境はより豊かに、より多様になる。それ故、外界に存在するものが、生物にとって、知覚や感覚の内容として存在するかどうかは、その生物の器官に依存している。空気の中に特定の運動として存在するものが、人間の中で音の知覚内容になるのである。

人間の通常の感覚を通しては、生命力の作用を知覚しない。人間は植物の色を見、その香りを嗅ぐ。しかしその生命力は、この観察にとって隠され続ける。しかし盲目に生れついた者も色彩を否定しないように、通常の感覚も生命力を否定できない。色彩は盲いた目が視力を獲得したとき、彼にとって存在するものとなる。同様に、動、植物の個体だけでなく、その生命力によって創られた多様な種も、もしそのための器官が人間に開かれたなら、知覚内容として存在するものとなる。

このような器官が開かれるとき、ひとつのまったく新しい世界が彼の前に出現する。彼は生物の色、匂い等を知覚するだけでなく、生物の生命そのものをも知覚する。すべての植物、動物の中に、物質的形態以外に、生命に充ちた霊姿をも感知する。この霊姿はエーテル体もしくは生命体と名づけられる。註

註 著者は本書の執筆後もしばらくの間、ここでエーテル体もしくは生命体と名づけられたものを「形成力体」とも呼んだ（たとえば雑誌『王国』第一巻四号（一九一七年一月）において）。こう名づけたのは、エーテル体という言葉だけでは、旧自然科学の「生命力」との混同を避けることができないと思ったからである。生命力のこの旧観念を、近代自然科学の意

味で、拒否することの可否が問題になる場合には、著者はかかる力の存在を否定する立場に立っている。というのは、旧科学はこの力をもって、有機体内の非有機的な力の作用の仕方を説明しようとしていたからである。同じ非有機的な力が、有機体内におけるときと非有機的世界におけるときとでは、別様に作用する、というようなことはありえない。非有機的自然の諸法則は、有機体内でも結晶体内でも、等しく同じ法則である。しかし、有機体内には、非有機的ではない何かが存在するのである。そして、それが形成する生命であり、この生命の根底には、エーテル体もしくは形成力体が存している。このことを仮定したからといって、自然研究の正当な課題が妨げられることはない。自然研究者が非有機的自然における力の働きについて観察する場合、その同じ観察は、有機世界の中ででも継続できる。そして、この力の働きが、有機体内では、特殊な生命力を通して変化させられると考えるのを拒否することを、真の霊学もまた正当なことと考える。霊学研究者がエーテル体について語るのは、有機体の中に無生物におけるとは別の働きが示されるときに限られるのである。しかしいずれにせよ、本書の著者は、ここで「エーテル体」の名称を「形成力体」に代えるつもりはない。ここに述べられている関連全体の中では、正しく理解しようとするすべての人にとって、いかなる誤解もありえないからである。誤解はただ、この関連を明示しえない論述の中で、この名称が用いられるときにのみ、生じる（なおこの点は巻末に付された「補遺」の中でも触れておいた)。

霊的生命を研究する者にとって、この問題は以下のように表現される。エーテル体は、物質的な素材や力が産み出したものなのではなく、物質的な素材や力を生あるものに変えるところの、独立した現実的本性なのである。霊学的に語れば、単なる物体は、たとえば結晶体のように、その形態を無生物の中に内在している物理的形成力を通して得ている。生きた身体は、その形態をこの力を通しては得ていない。なぜなら、生命が離れ、そしてただ物理的力だけに委ねられた瞬間に、生きた身体は、その形態を分解しはじめるから。生命体は、生きている限り、いかなるときにも分解しないように肉体を護っている本性である。

この生命体を見、それを他の存在の中に知覚するためには、目覚めた「霊眼」が必要である。霊眼をもたなくても、論理的根拠から、生命体の存在を容認することはできるが、色を肉眼で見るように、それを見るには、霊眼をもってしなければならない。

「エーテル体」という表現に抵抗を感じる人もいるだろうが、「エーテル」とここで呼ばれているものは、物理学で仮説として立てられた「エーテル」とは別のものだ。単純に、ただここに記述されているものを表す言葉として、受けとってもらえればよい。そして人間の肉体が、その構造において、人間の使命の模像であるように、人間のエーテル体の構造もまた、そのような模像なのである。したがって思考する霊との関係においてこのエーテル体を考察するときにのみ、それは理解されうる。人間のエーテル体のあり方は、思考する霊に対応している点で、動、植物のそれから区別されている。

人間は、肉体を通して鉱物界に属しているように、エーテル体を通して生命界に属している。死後、肉体は鉱物界へ、エーテル体は生命界へ解消される。「体」とは存在に何らかの種類の「形姿」、「形態」を与えるものをいう。「体」を物体ととりちがえてはならない。本書でいう体は、魂的形姿や霊的形姿にも用いられている。

生命体は、人間にとってまだ外的なものである。感覚の最初のきざしとともに、内なるものが外界の刺戟に反応する。外界と呼びうるものを、たとえどこまで辿ってみても、感覚に出会うことはないだろう。

光線が眼の中へ入り、網膜に達し、化学反応を(いわゆる視紅《ロドプシン》において)呼び起す。この刺戟の結果は、視神経を通って脳にまで及び、そこでさらに物理的経過が生じる。もし人がこの経過を観察できたとすれば、外界のどこかにおけると同じ物理的経過を、そこに見出すだろう。もし私が生命体を観察できるなら、この物理的な脳の働きが、同時に生命の働きであるのを知覚するだろう。しかし光線を感じた人の青色の知覚を、私は決してこのような仕方では見出すことができない。それは、その人の魂の内部で、はじめて生じるものである。だから、もし光線を受けとった存在が、肉体、エーテル体だけしかもっていなければ、この知覚は存在しえないだろう。知覚を現実に体験させる働きは、本質的に、生命形成力の作用から区別される。その働きは、内的体験をこのような生命形成の作用の中から取り出してくる。もしこの働きがなかったとすれば、植物に見られるような、単なる生命経過だけしか存在しないだろう。

あらゆる側から印象を受けとる人間のことを考えてみよう。その人は、そこから印象を受けとるところのあらゆる方向で、知覚活動を行なっている。あらゆる方向で感覚が印象に答えている。この知覚活動の源泉は、感覚魂と呼ばれる。感覚魂は、肉体と同様に現実的である。もし私の前に立っている人を、私が単なる肉体であると考えて、その人の感覚魂を見ようとしないなら、油彩画を単なるカンヴァスと考えるのと同じことになる。

感覚魂の知覚に関しても、前にエーテル体について述べたときと同じことがいわれねばならない。肉体の諸器官は、感覚魂を見ることができない。生命を生命として知覚できる器官も、まだそれを見ることができない。しかしこの器官によってエーテル体が知覚できるように、それよりもさらに高次の器官によって、感覚の内的世界も、特殊な超感覚的知覚内容になることができる。そのとき人間は、物質界、生命界の諸印象を感知するのみならず、感覚体験をも見る。このような器官をもつ人間にとって、他の人間の感覚世界は、外的現実のように眼の前に存在している。人は自分の感覚世界の体験と他の人間の感覚世界を見ることとを区別しなければならない。もちろん誰でも自分の感覚世界の中を見ることはできる。他の人間の感覚世界は、ただ見者だけが、開かれた「霊眼」をもってこれを見ることができる。見者でない人間は、感覚世界を、外には現れない自分の魂の「内なる」体験としてしか知らない。開かれた「霊眼」をもって見れば、他の場合には他の人間の「内部で」だけ生きているものが、外なる霊的光景となって輝き出る。

＊　＊

誤解を避けるためにここで強調しておけば、見者は、他の人間の感覚世界の内容と同じものを体験するのではない。他の人間は感覚内容を自分の内的視点から体験する。見者は感覚世界のひとつの開示を、ひとつの表現を知覚するのである。

感覚魂は、その作用に関しては、エーテル体に依存している。なぜなら感覚魂は、自分が現出させる感覚内容を、エーテル体から取り出してくるからである。そしてエーテル体は肉体内の生命なのだから、感覚魂は肉体にも間接的に依存しているのである。健康な肉眼だけが、正しい色彩感覚を可能にする。このように、体的本性は感覚魂に作用している。だから感覚魂は、その働きを体によって規定され、限定されている。感覚魂は、体的本性によって引かれた境界線の範囲内で生きている。
だから肉体は、鉱物の素材で構築され、エーテル体によって生命化され、そしてみずから感覚魂に境界を設ける。感覚魂を「見る」ための前述した高次の器官をもつ者は、感覚魂が肉体によって限定されていることを認識している。

しかし感覚魂の境界は、肉体の境界と重なり合ってはいない。感覚魂は肉体を越えて聳え立っている。このことから、それが肉体よりも勢力範囲の大きいことがわかる。しかしその感覚魂に境界を設ける力は、肉体から発している。それによって、一方では肉体とエーテル体、他方では感覚魂、この両方の間に、人間本性の特別の部分が設定されねばならなくなる。それが魂体もしくは感覚体である。換言すれば、エーテル体の一部分は他の部分よりもより精妙にできている。そしてこの精妙なエーテル体部分が感覚魂と統一体を形成しており、一方そのより粗雑な部分は、肉体と一種の統一体を形成しているのである。とはいえ、前述したように、感覚魂は魂体を突きぬけて聳え立っている。

ここで感覚と名づけられているものは、魂の本質の一部分に過ぎない（感覚魂という表現は簡明さの故に選ばれている）。感覚には快、不快、衝動、本能、情欲が結びついている。これらすべては、感覚と同じ特性、特質をもっており、体的本性に依存している。

*　*

感覚魂は体に対すると同様、思考つまり霊に対しても、相互作用をもっている。はじめ思考は感覚魂に仕えている。人間は自分の感覚内容について思考をめぐらし、それによって外界を解明する。やけどをした子どもは、思考をめぐらして、「火は熱い」という思考内容を得る。

人間は、自分の衝動、本能、情欲に対しても、盲目的に従うことはしないで、それらを満足させうる適当な機会を、自分の手で作り出そうとする。物質文化というものは、まったくこの方向でいとなまれている。この文化は、思考が感覚魂のために尽力する奉仕行為に他ならない。計りがたい程の量の思考力がこの目標に向けられている。船舶、鉄道、電信、電話が設けられたのも、思考の力による。そしてこれらのほとんどすべては、感覚魂の要求を満足させるために存在している。生命形成力が肉体に浸透するのと似た仕方で、思考力が感覚魂に浸透している。生命形成力は、肉体によって祖先と子孫とを生じさせ、それによって単なる鉱物的存在のもちえぬ合法則性を肉体に与える。同様に思考力は、単なる感覚魂だけではもつことのできぬ合法則性を魂に与える。

感覚魂の働きにおいて、人間は動物と同類である。動物の場合にも、感覚、衝動、本能、情欲の存在が認められる。しかし動物はこれらに直接従っており、これらを独立した、直接的体験を超えた思考内容と結びつけはしない。未開人の場合も、このことが或る程度まで当てはまる。単なる感覚魂は、それ故、思考能力をもった、より高次の魂とは異なっている。思考能力をもった、より高次の魂は、悟性魂と名づけられる。この魂の別の側面は、心情魂もしくは心情とも呼びうるだろう。

悟性魂は感覚魂に浸透している。それ故、魂を「見る」器官をもつ者は、悟性魂の中に単なる感覚魂とは異なる特性を見る。

＊ ＊

人間は思考を通して、個人生活の圏外へ出ていく。彼は自分の魂を超越した何かを手に入れる。思考の法則が宇宙の秩序と一致していることは、彼にとって疑う余地のない事実なのだ。彼は、この一致が存在するからこそ、自分をこの宇宙の原住民だと考えている。この一致が存在するという事実によって、人間は自分が何ものであるかを学ぶのである。人間は自分の魂の内部に真理を求める。この真理を通して語るものは、魂だけではなく、世界の事物でもある。思考が真理と認めるものは、単に自分の魂だけでなく、世界の事物にも関係のある、ひとつの独立した意味をもっている。星空から受ける感動は、私自身のものである。しかし天体運行の法則を把握した私の思考内容は、他の人の思考にとっても、私の思考にとっても、同じ客観的意味をもっている。もし私自身が存在していないとすれば、私の感動について語ることに何の意味もない。しかし私と関係づけることなく、私の思考内容について語ることも同じように無意味であるとはいえない。なぜなら、今日私が思考した真理内容は、たとえ今日だけしかそれについて思考しなかったとしても、昨日も真理だったし、明日も真理であろうから。或る認識が私に喜びを与えるとき、この喜びは、それが私の中に生きている間だけ、意味をもつ。認識の真理内容は、この喜びからまったく独立して、その意味を保っている。真理を把握するとき、魂は価値を内包している何かに自分を結びつける。そしてこの価値は、魂の感覚内容とともに消え去ることはない。同様に、それは感覚内容とともに生れたものでもない。事実、真理として存在するものは、生れもせず、消え去りもしない。それは決して破壊されえぬ意味内容をもっている。

個々の人間社会の「真理」が、一時的価値をもつに過ぎず、或る時期が過ぎると、部分もしくは全体が誤謬だったと認識されるということは、この事実と矛盾しない。なぜなら、たとえ人間の思考内容が永遠の真理の束の間の現象形式であるに過ぎなくても、真理が自己自身の中にその根拠をもった存在であるということは、認められねばならないからである。

レッシングのように、完全で純粋な真理は、神にとってのみ存在することができるのだから、自分は真理への永遠の努力だけで満足する、という者もまた、真理の永遠的価値を否定するのではなく、こう言うことで、まさにこの価値を確認しているのである。なぜなら、永遠の意味をそれ自身の中に担っている存在だけが、永遠に求めるようにという要求を、自分に向けることができるのだから。もし真理が、それだけで単独に存在するのでなく、真理の価値と意味が人間の魂の感覚内容に依存しているのだとすれば、真理はすべての人間にとっての唯一の目標であることはできなくなるだろう。人が真理へ向って努力するという行為そのものが、真理の自立した本性の肯定を意味しているのである。

そして真なるものについていえることは、同様に善なるものについてもいいうる。人倫=善は、それが性癖や情欲に支配されているのではなく、逆にこれらを支配している限り、これらから独立している。気に入ること、気に入らぬこと、欲求と嫌悪は個人の魂に属する。これらを超えたところに義務が立っている。人間にとって義務は、そのために生命を犠牲にする程までに、高い意味をもちうる。そして人間は、自分の性癖や好悪の感情を教化して、強制や屈従なしに、自分から進んで認識が教える義務に従うようになればなる程、高次の段階に立っているのである。人倫=善は、真理同様、永遠の価値を自分自身のうちに担っており、それを感覚魂から受けとるのではない。

人間は、この独立した真と善を自分の内部に生かすことで、自分を単なる感覚魂から超越させる。永遠の霊の光がこの感覚魂の中へさし込む。消え去ることのない光がそこに生じる。魂は、この光の中に生きる限り、永遠の存在を分有している。魂は自分の存在をこの永遠の存在に結びつける。魂が内に担っている真と善とは、魂の中の不死なるものである。

魂の中で永遠の存在として輝くものは、ここでは意識魂と名づけられる。

低次の魂のいとなみの場合にも、意識について語ることができる。どんな日常的な感覚も意識に属しているし、動物にも意識があるといえる。ここで意識魂と呼ぶのは、人間意識の核心、つまり魂の中の魂のことである。意識魂は、ここでは魂の特別の部分として、悟性魂から区別される。悟性魂はなお感覚、衝動、激情等の中に巻き込まれている。人は誰でも、はじめは自分の感覚や衝動の中から取り出してきたものを、真実だと思おうとする。しかし感覚等々に含まれた共感、反感の添え味をすべて取り去った真理だけが、永続的真理なのである。真理は、たとえすべての個人的感情が反抗するときにも、真理である。この真理が生きている魂の部分を、意識魂と呼ぶのである。

このように、体と同様、魂にも三つの部分が区別できる。感覚魂、悟性魂、意識魂である。そして下から体的本性が魂を限界づける働きをするように、上から霊性が魂を拡大する働きをする。なぜなら、魂が真と善とに充たされれば充たされる程、ますます永遠なるものがその中で大きく、勢いを増していくからである。

魂を「見る」能力をもつ者にとって、永遠の部分を拡大していく人間から生じる輝きは、肉眼にとって燃える焔が現実であると同様に、現実に存在する。「見者」にとって、体的人間は人間全体の一部分に過ぎない。体は、人間のすべての部分が相互に浸透し合っている中で、もっとも粗雑な部分である。肉体を生命形態にしているのが、エーテル体である。このエーテル体を超えて、あらゆる側面に魂体（アストラル的形姿）が拡がっている。さらに、この魂体を超えて、感覚魂が拡がり、その上に悟性魂が拡がっている。悟性魂の拡がりは、真と善を受容すればする程、大きくなる。なぜなら、真と善が悟性魂の拡大の原因なのだから。もっぱら気に入るか、気に入らないかという好みの観点に従って生きる人間の悟性魂の境界は、感覚魂のそれと合致している。肉体の周りに雲のように現れるこれらの構成体は、人間のオーラと呼ばれる。

オーラは、本書が表現しようと試みている仕方で見られるとき、「人間の本質」の豊かさを示してくれる。

＊　　＊

幼児の成長過程の中には、周囲の環境に対して、はじめて自分を独立した存在であると感じる瞬間がある。感受性に富んだ人にとって、このことは重要な体験となる。詩人ジャン・パウルは、自叙伝の中で物語っている。——「まだ誰に話したこともなかったが、私は自我意識の誕生の瞬間を決して忘れることができない。その時間と場所は、はっきり憶えている。或る朝、幼い私は玄関の戸口に立ち、左手の、積み重ねられた薪の方を眺めていた。そのとき、自分は『私』だ、という内的ヴィジョンが、まるで稲妻のように、空から私に落ちかかり、それ以来、その輝きはずっと消えることがなかった。あの時、私の自我がはじめて、そして永遠に、自分自身を見たのだと思う。記憶の錯覚はこの場合考えられない。なぜなら、人間の隠れた至聖の部分だけに現れて、その新鮮な印象でこの日常生活の中の一情景を忘れ難いものにしてくれたこの時の出来事に似たようなことは、誰も私に物語ってくれたことがなかったからである。」

幼い子どもは自分のことを「カールはえらいんだよ」とか「マリーはこれが欲しい」とか言う。子どもは自分の独立した本性をまだ自覚しておらず、自我意識がまだ育っていないから、自分のことを他人のことのように言うのである。人間は、自我意識を通して、自分を他の一切から区別された独立の存在であり、「私」であると考える。人間は、体と魂の存在として体験するすべてを、「私」の中で総括する。体と魂とは「私」の担い手であり、体と魂の中で「私」は働く。肉体の中心が脳にあるように、魂の中心は「私」にある。人間は外から感覚を刺戟される。感情は、外界からの働きかけがあったとき、それに応じて現れる。意志は、自己を外界と関係づける。なぜなら、意志は外的行動の中で自己を実現するのだから。「私」は人間本来の本性なのであり、まったく見ることができない。それ故ジャン・パウルは適切にも、「私」の発見を、「ただ人間の隠れた至聖の部分だけに現れた出来事」と呼んだ。実際「私」に関しては、人間はまったく独りなのである。

そしてこの「私」こそが、人間そのものなのである。このことがこの「私」を人間の真の本性と見做すことの正しさを示している。それ故人間は、自分の体と魂とを、その中で自分が生きるところの「外皮」であると考えることができる。そして人間はこの二重の外皮を、自分が作用するための体的条件であると考えることができる。

人間は、進歩向上するにつれて、この二つをますます自分の「私」の使用人として使うことを学ぶ。「私」という目立たぬ言葉は、一切の他の言葉から区別される。この言葉の意味をよく考えるなら、深い意味での人間本性の認識への通路が開かれる。どんな他の言葉も、すべての人によって、同じ仕方で、それが指示する事柄のために使用されることができる。どんな「机」も机といえるし、どんな「椅子」も椅子といえる。「私」という言葉だけがそうではなく、誰もこの言葉を他の人に対して使用することができない。ただ自分自身に対してのみ、「私」と言えるのである。私に対して使用される「私」という言葉は、決して外から私の耳に入ってこない。ただ内からのみ、ただ自分を通してのみ、魂は「私」という言葉を聴く。だから人間が自分に対して「私」というとき、そこからあの「外皮」が取り出されてきたところの諸世界のいずれとも係わりをもたぬ何かが、人間の中で語りはじめる。この「私」こそが、時とともにますます、体と魂との支配者になっていかなければならない。

このこともオーラの中で表現される。私が体と魂の支配者であればある程、オーラは分節化され、多様化され、多彩になる。オーラに対するこの私（自我）の作用を、「見者」は見ることができる。しかし「私」そのものは、彼にも見ることができない。「私」は本当に「人間の隠れた至聖なる部分」に存在しているのである。

さて、この自我は、人間の中で永遠の光として輝く光の放射を、自分の中に採り入れる。人間は体と魂の諸体験を「私」において総括し、真と善との思考内容を「私」の中へ流入させる。一方からは感覚の諸現象が、他方からは霊が、「私」に自己を打ち明ける。体と魂は「私」に奉仕し、「私」に自分を委ねるが、「私」は自分の目的を霊が実現してくれるように、霊に自分を委ねる。「私」は体と魂の中に生き、霊は「私」の中に生きる。そして自我の中のこの霊こそが、永遠なのである。なぜなら、自我は、自分が結びついているものから、本質と意味とを得ているのだから。自我は、肉体の中に生きている限り、鉱物の法則に、エーテル体を通して、生殖と成長の法則に、感覚魂、悟性魂によって、魂界の法則に、従っている。そして霊的存在を自分の中に受け容れることによって、霊の法則に従う。鉱物の法則、生命の法則が形成するものは、生成し死滅する。しかし霊は、生成と滅亡には係わらない。

＊　＊

自我は魂の中に生きている。「私」の最高の表現が意識魂によるとしても、この「私」は意識魂から輝き出て、魂全体を充たし、そして魂を通して、その作用を体にまで及ぼす。自我の中には霊が生きている。霊は自我の中を照らし、自我を外皮として、その中で生きる。自我が体と魂を外皮としてその中で生きるように。霊は内から外へ向けて、鉱物界は外から内へ向けて、自我を形成する。一個の「私」を形成し、そして「私」として生きる霊は、人間の「私」もしくは「自己」として現れるから、「霊我」と呼ばれる。「霊我」と「意識魂」との区別は、次のような仕方で説明できる。意識魂は、あらゆる共感、反感から独立した、自分自身によって存在する真理に係わる。霊我は、自分の中にこの同じ真理を担っている。しかも、その真理は「私」によって取り上げられ、「私」の中に包み込まれている。「私」によって、真理は個体化され、独立した人間本性になる。永遠の真理がこのように独立し、「私」と結びついたひとつの本性になることによって、「私」自身が霊我となって、永遠性を獲得する。

霊我は自我の中での霊界の顕現であり、感覚的知覚は自我の中での物質界の顕現である。赤、緑、明、暗、硬、軟、暖、冷の中に物体界の顕現が、真と善との中に霊界の顕現が認識できる。物体界の顕現が感覚と呼ばれるのと同じ意味で、霊界の顕現は直観と呼ばれる。どんなに単純な思考内容もすでに直観を含んでいる。実際、そのような思考内容も手でさわったり、眼で見たりはできない。人は霊から開示を受け、自我によってそれを受けとらねばならないのである。

成熟した人間と未熟な人間とが同じ植物を見る場合、それぞれの自我の中にはまったく別のものが生きている。にもかかわらず両者の感覚内容は、同じ対象を通して呼び起されたのである。両者の相違は、前者が後者よりもずっと完全な思考内容を作ることができたという点にある。もし対象がもっぱら感覚を通して顕現するだけなら、霊的進歩はどこにも見出せないだろう。未開人もまた自然を感知する。しかし自然の諸法則は、高度に文明化された人間が直観によって結実させた思考内容の中でのみ開示される。子どももまた外界の刺戟を行動の動機として感知する。しかし道徳的善の命令は、子どもが成長して霊的生活を知り、その顕現を理解するようになるとき、はじめて彼の心に生じる。

肉眼がなければ色彩感覚も存在しないように、霊我の高次の思考活動が存在しないと、直観は生じえない。感覚が華やかな彩りを見せる草花を産み出すのではないように、直観は霊的存在を産み出すのではなく、ただそれについての情報を提供するだけなのである。

魂の中に働く人間の自我は、直観によって上から来る霊界の報告を受けとり、感覚によって物質界からの報告を受けとる。そして自我は、直観によって霊界を自分の魂固有の生活内容にし、感覚によって物質界をもそのような生活内容にする。魂、もしくは魂の内に輝く自我は、二つの側面、物体の側面と霊的存在の側面に向けて、その扉を開いている。

さて、物質界は、みずからについての情報を自我に与えることができるために、その素材と力から身体を構築して、意識をもった魂がその中に生き、物体を外に知覚する器官をもてるようにするが、同様に霊界もまた、その霊的素材、霊的力をもって霊体を構築し、自我がその中で生き、直観を通して霊的存在を知覚できるようにする。(霊的素材、霊体という表現が意味上或る矛盾を含んでいることは明瞭である。これらはただ、人間の肉体に対応する霊的なものに注意をうながすためにのみ、用いられている。)

そしてまた、個々の人体が物質界の中で単独の本性として構築されているように、霊界内での霊体も、そのように構築されている。人間にとっては、霊界にも、物質界同様に、内と外とがある。人間は物質的環境から養分を摂取し、体内でそれを消化するように、霊的環境から霊的養分を摂取して、それを自分のものにする。霊的内容は、人間の永遠の養分である。

人間は、物質界から生れたように、真と善の永遠の法則によって霊から生れる。人間は、独立した存在として物質界から切り離されているように、彼の外にある霊界から切り離されている。この独立した霊的人間存在は、「霊人」と呼ばれる。

われわれの肉体には、外なる物質界に存在する成分と力が働いているが、同様に霊人の中には、外なる霊界の諸要素が脈打ち、霊界の諸力が働いている。皮膚に包まれた人間が物質界の中で生き、そして感じるように、霊人は霊的皮膚に包まれて、統一した霊界の中で独立した霊的存在となって生き、そして直観的に霊界の内容を知覚する。この「霊的皮膚」を、霊的外皮もしくはオーラの外皮と呼ぶ。この「霊的外皮」は、人間の進歩向上につれて、絶えず拡張する。したがって人間の霊的個体性（そのオーラの外皮）の大きさは、無限に増大することができる。

この霊的外皮の中で、霊人は生きている。霊人は、肉体が生命の力によって構築されているのと同じ意味で、霊的生命の力によって構築されている。エーテル体と似た仕方で、エーテル霊が霊人に働きかけている。このエーテル霊は生命霊と名づけられる。

それ故人間の霊的本性は、三つの部分に区別される。すなわち霊人、生命霊、霊我である。

霊界の「見者」にとって、人間のこの霊的本性は、高次の、本来的に霊的な、オーラとして、知覚することのできる現実なのである。見者は、霊的外皮の中に、生命霊としての霊人を「見る」。そしていかにこの「生命霊」が、絶えず霊的外界から霊的養分を摂取しつつ、増大するかを「見る」。さらに彼は、いかにこの摂取を通して、霊的外皮が絶えず拡がり、霊人がますます大きくなっていくかを「見る」。

この「増大」が空間的に「見」られる限り、もちろんそれは現実のひとつの像であるに過ぎない。けれども、この像の姿には、霊的現実が対応している。人間の肉体的存在の大きさは限定されているが、霊的存在は無限に増大することができる。そしてその霊的養分には、永遠の価値が結びついている。かくして人間のオーラは、互に入り組んだ二つの部分から合成されている。一方の色と形は、人間の肉体的存在によって、他方のそれは霊的存在によって与えられているのである。

自我は、この両者の間に区別を立てる。物質的存在は、自分の物質的特性に従って、魂がそこで活動しうる肉体を構築できるようにする。そしてその一方自我は、霊に帰依し、霊が自分の中で活動しうるように、そしてその霊が魂に浸透し、魂に霊界における目標を与えることができるようにする。魂は体によって、物質の中に取り込まれ、霊人によって、霊界を飛翔する翼が与えられる。

もし全人とは何かを理解しようとするなら、以上に述べた人間の構成部分のすべてから成り立つ人間を考えなければならない。体は、物質的素材の世界から構成され、思考する自我に対応する構造をもつ。それは生命力に貫かれ、それによってエーテル体もしくは生命体となる。感覚器官となって自分を外へ向けて開く体は、魂体になる。この魂体を貫いている感覚魂は、魂体と一体化している。感覚魂は外界の印象を感覚内容として受けとるだけではない。感覚魂は、一方では感覚内容を通し、他方では思考を通して成熟していく。そしてその結果、悟性魂となる。感覚魂が悟性魂になりえたのは、下方の感覚内容に自己を開くと同時に、上方の直観に自己を開くことができたからであるが、このことを通して、魂は意識魂にまで成熟していく。肉体が魂のために感覚器官を形成するように、霊界が魂のために直観器官を形成するので、意識魂への進化が可能となるのである。諸感覚が魂体を通して感覚内容を魂に伝達するように、霊は直観器官を通して魂に直観内容を伝達する。霊人はこのことを通して、意識魂とひとつに結ばれる。ちょうど肉体が感覚魂と、魂体においてひとつに結ばれるように。意識魂と霊我とはひとつになる。この統一の中に、霊人が生命霊として生きる。ちょうどエーテル体が魂体のために体の生命的基盤を形成するように。そして肉体が皮膚の中に閉ざされているように、霊人は霊的外皮の中に閉ざされている。したがって全人は以下のように区分される。

A——肉体

B——エーテル体もしくは生命体

C――魂体
D――感覚魂
E――悟性魂
F――意識魂
G――霊我
H――生命霊
I――霊人

魂体（C）と感覚魂（D）とは、現界の人間においては、ひとつである。意識魂（F）と霊我（G）も同様。

したがって現界の人間は七つの部分より成る。

一――肉体
二――エーテル体もしくは生命体
三――感覚する魂体
四――悟性魂

五——霊に充たされた意識魂
六——生命霊
七——霊人

魂の中で「私」は輝き、霊からの介入を受け、それによって霊人の担い手となる。人間はこうして「三つの世界」(物質界、魂界、霊界)に関与する。人間は肉体、エーテル体、魂体を通して、物質界に根を下ろし、霊我、生命霊、霊人を通して、霊界で花を開く。しかし一方に根を下ろし、他方で花を開くものの樹幹は魂そのものである。

人間のこの区分とまったく一致した、別のもっと単純化された区分も考えられる。人間の「私」は、意識魂において輝くにしても、その輝きは魂の存在全体を貫いている。魂の存在の諸部分は、体の部分のようには明確に区別されていない。それらは互に浸透し合っている。悟性魂と意識魂とを自我の二つの外皮として自我に組み入れ、自我そのものをその中核と見るなら、人間を肉体、生命体、アストラル体、自我に区分することができる。アストラル体とは、魂体と感覚魂とを一緒にした名称である。アストラル体という表現は、以前の文献の中にも出ているが、ここでは人間本性の中で、感覚的には知覚できないものに対して、自由に適用されている。感覚魂は、或る点では自我の力に充たされているにもかかわらず、魂体と密接な係わりをもっているので、この両者をひとつにして、アストラル体という単一の名称を与えたのである。また自我が自分を霊我で充たすとき、この霊我は、魂の力で変化させられたアストラル体であるかのように現れる。アストラル体の中には、まず人間の衝動、欲望、情欲が感情内容として働いている。そこにはまた、感覚的知覚も働いている。感覚的知覚は、外界から人間に与えられた部分としての魂体を通して生じる。衝動、欲望、情欲等は、まだ霊我に従う態度をとっていない内部の力に貫かれた感覚魂の中で生じる。「私」が自分を霊我で充たし、そして魂がアストラル体をこの霊我の力で充たすとき、衝動、欲望、情欲は、自我が霊から受けとったものによって、くまなく照らし出される。自我は、霊界へのこの関与の故に、衝動、欲望等の支配者となるが、この支配の度合に応じて、霊我がアストラル体の中に現れる。そしてアストラル体そのものは、このことを通して変化し、二つの部分からなる存在となる。つまり変化していない部分と、変化した部分とからなる存在となって現れる。だから人間の中に顕現する霊我は変化したアストラル体であるとも言える。自我の中に生命霊を受けとる人間にも、同様のことが生じる。その場合には生命体が変化する。生命体は生命霊によって浸透される。生命霊は生命体の変化の仕方の中に現れる。だから生命霊は変化した生命体だ、と言うこともできる。自我が自分の中に霊人を受けとるとき、それによって肉体を霊人で充たす強い力を獲得する。もちろんこのようにして変化した肉体部分は、肉眼で見ることができない。霊人となった肉体部分は、まさに霊化されているのだから。感覚的知覚にとっては、感覚的存在だけがある。この感覚的存在が霊化した場合、それは霊的認識能力によって知覚されねばならない。霊的なものに浸透された肉体もまた、外的感覚が知覚するときには、感覚的存在としてしか現れない。

以上に述べたすべてのことから、次のように人間を区別することができる。

一——肉体
二——生命体
三——アストラル体
四——魂の核としての自我（私）
五——変化したアストラル体としての霊我
六——変化した生命体としての生命霊
七——変化した肉体としての霊人

霊の再生と運命

体と霊の中間には魂が生きている。体を通して魂にまで達する諸印象は、一時的なものである。それらは、体がその器官を外界の事物に向けて開いている間しか、存在しない。私は薔薇の花が眼の前にあり、しかも私の眼がそれに向って開かれるときはじめて、薔薇の花の色を感知する。印象、感覚もしくは知覚が生じるためには、外界の事物と肉体の器官とが現存していなければならない。しかし私の霊が薔薇について認識した真理は、現存するものだけに通用する真理ではない。この真理はまた、私次第でどうにでもなるというものでもない。たとえ私が薔薇に一度も向い合ったことがなかったにしても、その真理が真理であることに変りはない。霊によるこの認識が可能なのは、無常なる体的基礎に依存することなく、宇宙内容と魂とを結びつける働きをする一要素が、この魂そのもののいとなみの中に存在するからである。

魂の中に顕現する宇宙内容自体が、どんな場合にも恒常不変のものなのかどうかを、今、問題にしているのではない。大切なのは、魂のためのこの顕現が、魂の無常なる体的基礎に依存することなく、魂の中で働いているかどうか、ということである。魂の中の持続的部分は、魂の無常なる部分に制約されぬ諸体験が存在する事実を認める瞬間に、観察の対象となる。さらにまた大切なことは、これらの体験がはじめは体組織の無常なる諸機能によって意識できるようになるかどうかなのではなく、魂の中で知覚の無常ないとなみから独立して存在する真理を、これらの体験が含んでいる、ということなのである。

　魂が現在と持続の間におかれているのは、魂が体と霊の中間に位置づけられていることによる。しかし魂はまた、現在と持続との仲介もする。今あるものを記憶に保持する。このことを通して、魂は今あるものをその無常性から切り離し、魂の霊的部分の持続の中に取り込む。魂はまた、時間に制約された、無常な存在に永続の刻印を押すが、それが魂にできるのは、魂が一時の刺戟の中に埋没することなく、自分の方から積極的に事物に働きかけ、その行為の中で、事物と自分の本質とをひとつに結び合わせるからである。記憶を通して昨日を保持し続け、行為を通して明日を準備するのが、魂の働きなのである。

　もし薔薇の花の赤い色を記憶の中に保持しえないなら、私の魂は常に新たにそれを知覚しなおさなければならないであろう。外から印象を受けとった後もまだ残り続け、魂によって保持されるものは、単なる外的印象に留まらず、それから独立して、さらに意識内容となることができる。この意識化の能力のおかげで、魂は外界を自分の内界にし、次いでこの内界を記憶力によって——思い出すことができるように——保持し、受けとった印象に左右されることなく、この内界とともに、自分独自の生活をいとなむことができるようになる。魂の生活はかくして、外界の無常なる印象の持続的な成果となる。

けれども行為もまた、もしそれがひとたび外界に刻印づけられるなら、持続的となる。私が木の枝を切り取ったとすれば、私の魂の働きによって、外界の中に、事象の経過をすっかり変化させてしまうような何かが生じた。もし私がこの行為をしなかったなら、木の枝にはまったく別の経過が生じたかも知れない。だから私の存在なしには生じなかった筈の一連の結果を、私はこの行為によって呼び起したのだといえる。外界の中で私が今日行ったことは、明日も外界の中に存続する。それは、私の昨日の印象が記憶によって私の魂のために持続的となったように、行為を通して持続的となる。

行為によるこの持続化と記憶による知覚体験の持続化とは、通常の意識においては同じように考えられていない。しかし人間の「私」は、行為を通して世界に加えた変化とも、印象から生じた記憶内容とも、同じように結びつけられてはいないだろうか。「私」は新しい印象に対して、保持している記憶内容次第で、別様の判断を加える。しかしまた同じ「私」は、その行為次第で、世界に対して別様の結びつきをもつのである。

世界と私の「私」との間に存する関係は、私が行為によって、他人にどんな印象を与えたかにかかっている。私が周囲に特定の印象を与えたあとでは、世界との関係において、私は別人である。

このことが或る記憶内容をもったことによる「私」の変化程に注目されないのは、記憶内容が作られる場合、それがすぐに自分のものと感じられる魂のいとなみに係わる事柄であるからに過ぎない。外界での行為の結果は、この魂のいとなみから離れたところで進行していくから、記憶に保持されるものとは違って、注目されることが少ない。とはいえ、ひとつの行為が為されたあとでは、世界の中に「私」によって刻印づけられたものが存在しはじめるのを、人は認めない訳にはいかない。

今考察したことを、本当に首尾一貫して考えてみるなら、次のような問いが生じてくるだろう。――「私」によって刻印を押された行為の諸結果は、もしそのための外的なきっかけが生じたなら、ちょうど記憶に保持された印象が外的なきっかけでふたたび甦ってくるように、ふたたび自我へ向って近づこうとする傾向をもつ、とは考えられないだろうか。記憶に保持されている印象はこのようなきっかけを待っている。外の世界の中で自我の性格を保持しているものが、ちょうどきっかけさえあれば記憶内容が内から人間の魂の方へ近づいてくるように、外からこの魂に近づくために、同様にそのきっかけを待っている、ということが考えられないだろうか。

目下のところこの問題は、問題として立てるに留めておこう。なぜなら、自我の性格を帯びた行為の結果がその人間の魂とふたたび出会うきっかけは、全然生じない場合も考えられるから。しかしこのような行為の結果そのものは、存在しており、存在していることで、世界と自我との関係を規定する力となって作用している。以上の点を筋道を立てて考えてみるなら、これが少なくとも、ひとつの可能な考え方であることは、ただちに理解されるであろう。以下の考察において、この可能な考え方が現実的意味をもつ、という場合が人間生活の中に存在しないかどうか、検討してみることにしよう。

＊　＊

まず最初に記憶を考察しよう。記憶はいかにして生じるのか。明らかに感覚や知覚とはまったく別様に生じる。眼なしに「青」の感覚をもつことはできないが、眼だけでもまだ「青」を記憶内容としてもつことはできない。眼が今、私にこの青の感覚を与えるには、眼の前に、何か青いものが存在していなければならない。しかし、知覚行為によって現在のこの知覚像が作り出されるとき、それと同時に外界と魂との間に或る種の関係が生じ、その結果人間は、外からの働きかけによって作り出された知覚像についての記憶像を、あとになってふたたび、内的な経過だけによって作り出せるようになる、と考えねばならない。もしそうでないとすれば、体的本性はどんな印象をも、その都度無の中へ沈めてしまう筈である。

とはいえ、魂を観察する訓練のできた人なら、誰かが今日ひとつの知覚像をもち、明日この同じ知覚像が、その人間のうちのどこかにしまわれていたあとで、記憶を通してふたたび立ち現れる、という考え方を、まったく当を得ていない、と考えるであろう。実際、私が今もっているこの知覚像は、「今」とともに過ぎ去るひとつの現象である。思い出すという場合、現在の知覚像を産み出す行為だけではなく、外界と私との間に生じた或る種の関係の結果として、私の中にひとつの新しい経過が生じているのである。かくして、思い出された記憶の像は、ひとつの新しい像となる。それは保存されていた古い像なのではない。思い出すとは、ふたたび心に思い浮かぶ、ということであって、ひとつの像がふたたび甦る、ということではない。ふたたび現れるのは、かつての像とは別の何かなのである。このように、霊学の領域では、或る種の事柄については、通常の生活、さらには通常の学問におけるよりも、もっと厳密な観念を作る必要が生じてくる。

思い出すということは、それ自身もはや存在しない何かを体験することである。私は過ぎ去った体験を、現在の生活と結びつける。このことは、どんな思い出についてもいえるであろう。或る人に会って、その人が誰なのかを確認できるのは、昨日この人に会ったからだ、と仮定しよう。もし昨日私が知覚を通して作り上げた像を、今日の印象に結びつけることができなかったとしたら、彼は私にとって未知の人であるだろう。知覚することが、つまり私の感覚組織が、今日の像を私に与える。では誰が、昨日の像を私の魂の中に、魔法によって呼び出してみせるのであろうか。

それは昨日の私の体験に際しても働いており、今日の体験に際しても働いているところの、私の中に存在する同一の本性である。それはこれまでの論述では、魂と名づけられていた。過去の体験内容のこの忠実な保存者なしには、どんな外的印象も人間にとって、その都度新しいものとして現れるだろう。明らかに魂は、それによって何かが記憶となる経過を、ちょうど記号を刻むように、体に刻みつける。しかし魂は、体にこのような刻印を与えるだけではなく、さらにこの刻印を、何か外的なものを知覚するように、知覚しなければならないのである。このようにして、魂は記憶の保存者となるのである。

過去の保存者として、魂は絶えず霊にとって必要な体験内容を集める。私が、正、不正を区別できるのは、私が思考する人間として、真理を霊的に把握することのできる存在だからである。真理は永遠に存在する。だから、たとえ私が過去をその都度忘れ去り、常に新しい印象しかもたなかったとしても、真理は繰り返し事物に即して、私に顕現してくれるだろう。しかし私の霊は、その時々の印象に係わるだけではない。魂が霊の視界を過去にまで押し拡げている。魂が過去から持ち込んでくるものが多くなればなるほど、ますます霊の視界は豊かになる。そのように、魂は体から受けとったものを、霊に提供するのである。

だから人間の霊は、どんなときにも、二つのものを自己のうちに担っている。第一に、真、善の永遠の法則を、第二に過去の諸体験の記憶を。人間の霊は、この両要素の影響の下に、行為を遂行する。それ故、われわれが或る人間の霊を理解しようとするなら、二つのことを知らねばならない。第一に、どの程度まで永遠なものがそこに顕現しているか、第二に、どれ程の過去の体験内容をそれが担っているか。

これらの体験内容は、決して霊にとって不変な形態をとっていない。人間が体験から得てくる諸印象は、やがて記憶から消えていく。しかし、それらの成果は消えない。読み書きを習った頃の幼年期の体験のすべてを、人は憶えていない。しかし、もしもこれらの体験をもたず、それらの成果を、能力という形で、保っていなければ、人は読むことも、書くこともできない。そしてこれこそ、霊が記憶の財宝に対して行う変換なのである。

霊は、個々の体験の記憶像として残っていくものをその成り行きにまかせ、その中から、ただ能力を高める力だけを取り出すのである。このようにして、どんな体験も利用されずに通り過ぎていくことはない。魂は体験を記憶に保存し、霊は能力を高め、生活内容を豊かにするものを、体験の中から吸収する。人間の霊は、このように、摂取された諸体験を通して成長するのである。

だから、たとえ過去の諸体験が、倉庫の中のようには霊の中に記憶され、保存されていなくとも、その体験の諸成果は、獲得された能力となって生きているのである。

＊　＊

以上、霊と魂を、誕生から死までの限られた範囲内で、観察してきた。しかしそれだけでは十分ではない。この範囲内に留まり続けようとすれば、人体の考察をこの範囲内でしか行おうとしない人に等しいだろう。探求すべきことはこの範囲内にいくらでもあるが、そのような誕生と死の間にあるものからだけでは、決して人間の形姿を説明することはできない。

人体は、単なる物質的な素材や力から直接構築されているのではなく、生殖作用に基づき、同じ人体形式をもったものから出生してくる。物質的な素材や力は、生命の続く間だけ、この人体を構築しているに過ぎない。換言すれば、生殖力によって、ひとつの人体からそれと同じ形姿をもった、つまり同一種類の生命体を担った別の人体が産み出されるのである。

どの生命体も祖先の再現であり、任意の形姿ではなく、遺伝された形姿をとって現れる。

私という人間の形姿を可能にした諸力は、すでに私の祖先のうちに存在していた。しかし人間の霊もまた、特定の形姿をとって現れる(もちろんその場合、形姿という言葉は霊的意味で用いられているが)。そしてこの霊の形姿は、人間一人ひとり、考えうる限りの異なった形姿を示している。二人の人間が同じ霊的形姿をとる場合はない。霊の領域でも、物質界におけると同様、冷静に、事実に即して観察してみよう。そうすれば、霊的に見た人間のこの相違が、ただ環境、教育等々の相違だけからきている、と考えることはできなくなってくる。二人の人間は、たとえ環境、教育の上で等しい影響の下にあったとしても、異なった能力をのばしていく。だからこの二人が、まったく異なった素質をもって、人生の道を踏みはじめたということを、人は承認しなければならない。

今、人はひとつの重要な事実の前に立っている。もしこの事実の射程距離が認識できるなら、人間の本性に光が当てられる筈である。

もちろん、物質的な経過の側面だけを見ようとするなら、人格の個人的相違は胎児の体質上の相違によるのだと主張できるだろう(特にグレゴール・メンデルが発見し、その後さらに発展されてきた遺伝の法則の立場から、この点に関して多くの発言が可能だし、学問的にもその発言は正当なものに見えるだろう)。しかしこのような主張は、人間とその体験との間の関係を、真に洞察していないことを示している。なぜなら、事実に即して観察するなら、肉体の発育と直接の相互関係をもっていないような事柄を通して、外的な状況がさまざまの人間にさまざまの仕方で働きかけているのがわかる筈だからである。

この領域における真に厳密な探究者なら、体質に由来するものは、人間とその体験との相互作用から生じるものとは異なること、そしてこの相互作用は、魂そのものによって行われるのだということを、知ることができる。魂は、この場合明らかに、外界の何かと関係しているが、この何かは、その本質上、胎児の体質とは何の関係もないのである。

肉体の形姿を通して、人間は動物という地上の同じ被造物仲間から区別されている。しかし人間同士は、一定の範囲内で、同一の形姿をもっている。人類はひとつだけである。人間の人種、種族、民族、個人の差がどんなに大きくても、肉体上の人間相互の共通性は、人間と他の動物の間のそれよりも大きい。人類としての特徴はすべて、祖先から子孫へ遺伝される。人間の形姿は、この遺伝と結びついている。ライオンがその祖先を通して体形を受け継ぐように、人間もその祖先を通して、その肉体の形姿を受け継ぐ。

人間の肉体上の類似が、肉眼にとって明瞭であるように、人間の霊的形姿の相違も、偏見をもたずに霊視すれば、明らかになる。

このことを説明するひとつの明瞭な事実がある。それは個人の伝記（生活記録）の中に示されている。もし人間が単なる類の存在であるなら、伝記など存在しない筈である。一頭の獅子、一羽の鳩は、それが獅子や鳩の種に属しているからこそ、興味をもたれる。その種が説明されたとき、個々の生きものも、その本質において、理解されたことになる。父親か、息子か、孫か、ということは、この場合大した問題ではない。父親も息子も孫も、興味をもたれる点を共有しているのである。しかしどんな人間なのかが問題になるのは、単なる種族の一員としてだけではなく、個人として存在するときからである。いくら彼の父親や彼の息子について説明したとしても、クレーヴィンケル村のシュルツェ氏の性質を理解したことにはならない。私はシュルツェ氏自身の伝記を知らねばならない。伝記の本質を熟考する人は、霊的関連においては、各人一人ひとりが一個の種族そのものである、ということを認める。

もちろん、伝記を単なる人生の諸事件の寄せ集めだ、と考える人は、犬の伝記も人の伝記と同様に、書くことができる、というかも知れない。しかし伝記の中にひとりの人間の真の特性を記述する人は、その中に、動物界における種類全体の記述に相応するような何かがあるのを理解する。或る動物、特に賢い動物についてなら、何か伝記に類したことを述べることができるのは、あらためていうまでもないことだが、今問題なのはそのことではなく、人間の伝記がこのような動物の伝記にではなく、動物の種の記述に相応している、ということなのである。たとえばサーカスの飼育係なら、同じ種類の個々の動物が、相互にどれ程異なっているか知っている、という言い方で、ここで述べた事柄を反駁しようとする人は、いくらでもいるだろう。しかしそのように判断する人は、個々の存在の相違と、個性によってはじめて獲得されうる相違とが区別できないことを、みずから示しているだけなのである。

さて、肉体的な意味での種や類は、遺伝との関連においてのみ正しく理解されるが、霊的本性もまた同様に、霊的遺伝を通してのみ理解されうる。私は体格の型を祖先から血統を通して得ている。私の伝記の中に表現されているものを、私はどこから得ているのか。肉体的な存在として、私は祖先の体型を繰り返す。霊的な存在としての私は、何を繰り返すのか。私の伝記の中に含まれているものなど、それ以上解明する必要はない、そのまま受けとるべきだ、と主張しようとする人は、同様に次のように主張しなければならない。——「私は盛り土のしてあるところに一山の材料を見たが、それがまったくひとりでに固まって、生きた人間になってしまった」と。

肉体をもった人間である私は、肉体をもった人間の子孫として生れた。私は、全人類に共通の形姿をもっている。この類の特質は、類の内部で、遺伝を通して獲得されることができた。一方、霊的人間としての私は、私だけの伝記をもち、私だけの形姿をもっている。だから私は、私以外の誰からもこの（霊的）形姿を受け継いでいない。私は不特定のではなく、特定の魂の素質をもってこの世に生をうけ、この素質を通して、伝記が示しているような人生行路をとってきたのだから、私自身に対する私の働きかけは、生れたときに始まったのではない。霊的人間としての私は、生れる以前から存在していたに違いない。祖先たちの中には、確かに私は存在していなかった。なぜなら祖先たちは、霊的人間としては、私と異なった存在なのだから。私の伝記は、彼らの伝記からは説明できない。むしろ霊的人間としての私は、その伝記から私の伝記が説明できるような、或る存在の繰り返しでなければならぬ。

そうでない場合が他に考えられるとすれば、それはさしあたり、私の伝記の内容を作り出すことができたのは、もっぱら生れる（もしくは受胎）以前の霊界での生活の結果なのだ、という考え方であろう。しかしこの考え方は、人間の魂に物質的環境から働きかけるものと、霊界だけから得たものとが同じ種類のものだと仮定したときにしか、是認できないだろう。この仮定は真に厳密な観察とは矛盾する。なぜならこの物質的環境から人間の魂に働きかけてくるものは、以前経験したときにも、その後になって経験するときにも、同じ仕方で作用する筈だからである。

この事情を正しく考察するには、人間生活の中には、新しく何かを始めるとき、すでにこの世で習い覚えたことをするかのような、身近な印象を魂の素質に与える場合が存在する、ということに眼を向ける必要がある。もちろんこの場合、このような印象を受けとるのは、この人生の中で実際に習熟した能力ではないのに、このような能力を持っているかのようにみずから感じることのできる魂の素質でなければならない。

以上の点を洞察するなら、この人生に先行して、幾度もいとなまれたに違いない別の地上生活の存在を考えない訳にはいかなくなってくる。そして現在の地上生活以前には、ただ純粋に霊的な、霊界での諸体験だけがあった、という考えに留まることができなくなる。詩人シラーの身体形姿は、祖先から受けとったものである。その形姿が大地から生長したものでないように、シラーの霊的本性も、そのようにして生じたものではない。シラーの身体形姿が、人間の生殖作用から説明されねばならないように、彼の霊的本性も、その伝記から彼の伝記が説明できるところの、或る別の霊的本性の繰り返しでなければならぬ。人間の身体形姿が、常に人間の類的本性の繰り返しであり、再生であるように、霊的人間は同じ霊的人間の再生でなければならぬ。なぜなら、どんな人も、霊的人間としては、自分だけの類なのだから。

以上に述べたことには次のような反論を加えることができる。——「それは純粋な思考の結果なのだから、自然科学の場合のように、外的な証明がなければ意味がない」と。この反論に対していえることは、霊的人間の再生は、外的、物質的な諸事象の分野には属さぬ、まったく霊的な分野での出来事であり、この分野では、われわれの通常の精神の諸能力の中で、思考力以外のいかなる力も通用しない、ということである。思考力を信頼しようとしなければ、高次の霊的な諸事象を解明することはできない。

霊眼を開いた人にとって、以上の思考過程は、肉眼の前に立ち現れる事象とまったく同じ現実的な力をもって、作用している。通常の自然科学的認識方法によるいわゆる「証明」の方が、伝記の意味に関する上の論述よりもっと説得力がある、と考える人は、確かに通常の意味で偉大な科学者でありうるかも知れないが、真に霊的な研究の道からは、大きく外れているのである。

或る人間の霊的な特質を、父母や祖先からの遺伝によって説明するのは、もっとも大きな偏見のひとつである。たとえば、ゲーテの本質をなすものは、彼の父と母から遺伝されたものだ、という偏見をもっている人に対して、はじめは、どんな理由をもってしても説得できないだろう。なぜなら、その人の中には、公正な観察に対する深い反感が存在しているからである。唯物論から受けた暗示が、事柄の諸関連を正しい照明の下で見ることを妨げているのだ。

以上で、人間存在を生と死を超えて追求するための諸前提が与えられた。生と死の間に限定された人間は、体と魂と霊の三世界に属している。魂は、体と霊との中間部分をなし、体の第三部分である魂体に感覚能力を付与し、霊の第一部分である霊我を、意識魂の中で有効に働かせる。魂は、生きている間は、体と霊とに関与している。この関与は、魂の存在全体において表現されている。感覚魂が能力をいかに開発できるかは、魂体の組織次第できまる。他方、霊我がどのくらい魂の中で発達できるかは、意識魂の生き方できまるだろう。感覚魂は、魂体がよく発育していればいる程、外界との関係をよりよく保つ。霊我は意識魂が養分を供給すればする程、より豊かに、より力強くなるだろう。すでに述べたように、生きている間は、獲得された体験とその体験の成果とを通して、霊我にこのような養分が供給される。なぜなら、魂と霊の間のこのような相互作用は、当然のことながら、魂と霊とが混ざり合い、浸透し合う状態、つまりすでに述べた「霊我と意識魂」の合一状態においてのみ、可能だからである。

そこで最初に、魂体と感覚魂の相互作用を考察しておく必要がある。魂体は、すでに明らかにされたように、体的本性のもっとも精妙な形成体であるが、依然として体的本性に属しており、これに依存している。肉体、エーテル体、魂体は一定の関連において、ひとつの全体をなしている。だから魂体も、肉体に形姿を与える遺伝の法則に従っている。そして魂体は、体的本性のもっとも動的な、いわば流動的な形態なのだから、遺伝においても、もっとも動的、流動的な現れ方を示している。それ故肉体が、人種、民族、部族内で極くわずかな相違しか示しておらず、エーテル体も、一人ひとりの人間の場合に一層大きな差を示しているとはいえ、人種、民族、部族内で、なお顕著な類似性を示しているのに対し、魂体の相違は、すでに非常に大きい。そこには、人間の外的ながらも、個人的な特徴として感じられるものがすでに表現されている。つまり魂体は、個人的特徴の中でも、親から子に遺伝していく部分の担い手なのである。

すでに論じたように、魂そのものは、完全に独自の生活をいとなんでいる。それは好き、嫌い、感情、欲望をもった完結した存在である。とはいえ、魂も全体として有効に働くのだから、感覚魂においても、この全体性が明白に刻印づけられている。この感覚魂が魂体に浸透し、いわば充満しているので、魂体は魂の本性に従って形成され、その上さらに遺伝の担い手として、性向、欲望等を祖先から子孫へと伝えることができる。ゲーテの言葉「父から体格と真面目な生活態度を、母から快活な性質と物語を作る喜びを受け継いだ」は、この事実に基づいている。しかしゲーテの天分は、両親から受け継がれたものではない。このようにして、人間がどのような魂の特質を、肉体的遺伝の系列の中へいわば送付するのかが理解できる。

肉体の成分や力は、等しい性質のまま、外的物質的な自然界全体の中にも存在している。それらは、この自然界から絶えず摂取され、そしてふたたびそこへ排泄される。数年の間に、われわれの肉体を構成している成分は、完全に更新される。この成分が人体という形態をとり、この人体内で繰り返して更新されるのは、それがエーテル体と結合しているからである。そして人体の形態は、誕生もしくは受胎から死までの諸経過によって決定されるだけでなく、誕生と死とを超えた遺伝の法則にも依存している。魂の特質も、遺伝という道を通って伝えられることができ、したがって肉体の遺伝の経過が魂の介入を受ける。そしてそのことの理由は、魂体が感覚魂から影響されうるという点にある。

それでは、魂と霊の相互作用はどのように行われるのであろうか。生きている間、霊は上述した仕方で、魂と結びついている。魂は、真、善の中に生きる能力と、性癖、衝動、欲望という魂独自のいとなみの中に霊を表現する能力とを、霊そのものから受けとる。霊我は、霊界から真と善の永遠の法則を「私」にもたらす。この法則は、意識魂を通して、魂の独自の体験内容と結びつく。これらの体験そのものは、過ぎ去っていく。しかしその成果は、残る。すなわち、霊我はこれらの体験と結びついたことによって、そこから持続的な印象を受けとる。

前に一度持った体験とよく似た、別の体験に出会った人間の霊は、その体験の中に何か既知のものを見出すと同時に、はじめての体験に対する時とは異なる態度で、それに対することができる。すべての学習は、このことに基づいている。そして学習の成果が、能力の獲得なのである。

このようにして永遠の霊に、移ろいゆく生活の諸成果が刻印づけられる。一体われわれは、これらの成果を知覚していないのだろうか。霊的人間の特性として今述べた素質は、何に基づいているのか。地上の生活を始める前から、すでにもっていた、あれこれの能力にであろう。この能力は、或る点では、生存中に獲得する能力と、まったく変りはない。

ひとりの人間の天分を例にとろう。モーツァルトが少年の頃、一度だけ聴いた長大な曲を、記憶だけで譜に写すことができたことは、よく知られている。彼は全体を一度に見通すことができたからこそ、このようなことができたのである。一定の範囲内でなら、人間は一生の間に、見通しを立て、関連を洞察するという能力を拡大し、その結果新しい能力を所有するに至る。だからレッシングは、自分について、批判的考察力を通して、天才に匹敵しうるようなものを獲得した、と語った。

素質に基づく能力を奇蹟だとして、ただ驚嘆するだけで終りたくないのなら、この能力を、霊我が魂を通してもった諸体験の成果なのだと見做さねばならないだろう。この能力は、霊我に刻印づけられているのであるが、もしもそれが生存中に刻印づけられたのでないとしたら、前世においてでしかない。

ひとりの人間の霊は、それ自身でひとつの類である。そして人間が身体の類存在の特徴を、類の中で遺伝するように、霊は霊の類の中で、つまり自分自身の中で、その特徴を遺伝する。或る人生の中で、人間の霊は自分自身の繰り返しとして、前世の諸体験の成果を担って現れる。この人生は、以前の人生の繰り返しなのであり、霊我が前世において学び取ったものを必然的に伴っている。霊我は、成果となりうるものを自分の中に摂取するとき、生命霊に自分を浸透させる。生命体が種から種へその形態を繰り返すように、生命霊は魂を個人的存在から個人的存在へと反復させるのである。

以上の考察を通して、人間の特定の生活事情の根拠を、転生の中に求める考え方が妥当性の領域にまで引き上げられる。この考え方は、本書の巻末に述べた認識の道を歩むことで獲得される霊的洞察によってはじめて、その完全な意味を受けとることができるのであるが、ここではただ、思考によって正しく方向づけられた通常の観察によってもこの考え方に到達できる、ということが示されればよいのである。

もちろんその場合、この考え方は、はじめはいわば影絵的でしかないだろう。そして厳密でもなく、思考の正しい導きももたぬ観察によって加えられる非難からも、完全に身を守ることができないだろう。しかしこのような考え方を、通常の思考を伴う観察を通して獲得していくことは、超感覚的観察に至る準備となる。これによって、肉眼で観察するためにはまず眼がなければならぬように、超感覚的観察を行うためにまずもたねばならぬものが形成されるのである。このような考え方をもつことで、超感覚的観察そのものが暗示にかけられてしまうのではないか、という非難をする人は、自分が自由に思考しつつ現実に係わる、という態度をとることができず、まさにこう非難することを通して、自分で自分の非難そのものに暗示をかけている、ということを証明しているに過ぎない。

＊　＊

このように、魂の諸体験は、誕生と死の境界内で維持されるだけでなく、その境界を超えても保持され続ける。しかし魂は、魂の中に輝く霊に、それらの体験を刻印づけるだけでなく、（七二頁で述べたように）行為を通して、外界にもそれらを刻印づける。人間が昨日実行したことは、今日もなお作用し続けている。この方向での因果関係は、眠りと死の比喩で表現できよう。

よく、眠りは死の弟だ、といわれてきた。私は朝起きる。私の継続的な仕事は、夜間、中断されていた。通常われわれは、朝自分の仕事を勝手に始めることはできない。生活の秩序と関連を保つためには、昨日やった仕事との結びつきがなければならない。昨日の行為は、今日行うべきことの前提である。私が昨日実行したことは、今日もまだ作用し続けている。一時《いっとき》私は仕事から離れた。しかしこの仕事は私に属しており、そこから離れた私を、また仕事の方へ引き寄せる。私の過去は私と結びついており、私の現在の中に生き続け、未来にも私から離れないだろう。もし私の昨日の行為の結果が、今日の私の運命ではないとすれば、今朝私は覚醒したのではなく、新たに無から創り出された筈である。もしも私が、自分の家を建てたのに住もうとはせず、特別の理由もないのに、建てたままにしておくとすれば、何のために家を建てたのか分らないではないか。

人間が今朝新たに創り出されたのではないように、人間の霊も、その地上での生活を始めるとき、新たに創られたのではない。この世の人生を歩みはじめたとき、何が生じたのかを明らかにしておかなければならない。遺伝法則に従って、新しい形態を獲得した肉体が現れる。肉体のこの形態は、以前の生を繰り返す霊を新たに担う担い手となる。この体と霊との間に、みずから固有の生活をいとなむ魂が立って、愛好、嫌悪、願望、欲望のいとなみを成り立たせている。

魂は、思考力を自分のために奉仕させる。魂は、感覚魂として、外界の印象を受けとり、そしてそこから得た成果を永続的に吸収するために、その印象を霊のところへもたらす。魂は、いわば仲介者の役割を受けもち、そしてこの役割を果すことで、自己の使命を成就する。体は、魂のために印象を形成し、魂は、それを感覚内容に作り変え、記憶内容として保管し、霊にそれを提供し、そして霊がこれを永続的に保持し続けるのである。

魂は本来、人間の地上生活における主役である。人間の体は、生物学上の人類に属している。体を通して、人間はこの類の一員である。霊としての人間は、より高次の世界に生きている。魂は一定の期間、この体と霊の両世界を結びつけるのである。

しかし、人間の霊が足を踏み入れる物質の世界は、この霊にとって未知の舞台ではない。そこには、彼の行為の跡が印されている。この舞台の或るものは彼に属し、彼の本質の刻印を担い、彼と親和している。魂は、外界の印象をこの霊に引き渡すことで、この印象を永続的なものにする一方、霊の器官としては、逆に、霊から授かった能力を行為に移し換え、物質界において、その作用を永続的にしたのである。

このことによって、魂は行為の中へ実際に流れ込んでいる。行為の諸結果の中で、人間の魂は、独立した第二のいとなみを続ける。そしてこの第二のいとなみこそ、どのようにして運命の働きが人生に係わってくるのか、という観点から人生を見るきっかけを与えてくれるのである。何ごとかが人間に係わってくる。人間ははじめ、このような「係わり」が「偶然」人生に生じたのだと考えがちである。しかし人間は、今の自分がこのようなさまざまな「偶然」の結果の産物であることに気づくこともできる。四〇歳の人が自分の人生を回顧するとき、自分の魂の本質を、単なる抽象的な自我にしてしまいたくないのなら、次のように反省してみることもできよう。——「今日まで運命的に私に『係わってきた』

ものを通して、他ならぬこの私が出来上がったのだ。もし私がたとえば二〇歳のときに出会った諸体験の代りに、一連の別の体験をもったとすれば、私は別の存在になっていたのではないだろうか」と。

そう考える人は、単に「内から」生じてくる成長衝動の中だけでなく、「外から」形成しつつ人生に係わってくるものの中にも、自分の「私」を求めるだろう。「自分の身に起る」事柄の中に、彼は彼自身の自我を認識する。もしこの認識が真に可能になるなら、あと一歩で人生の深い洞察に達する。そして運命体験を通して外から流れ込んでくるものの中に――過去の体験をふたたび明るみに出してくれる思い出が、内から自我に働きかけるのと同様の仕方で――外から自我に働きかけてくるものを見る。

人はこのようにして、魂の以前の行為が、どのようにして自我への道をとるかを、運命体験の中に認めることができるようになる。それはちょうど、そのための外的きっかけがあれば、記憶の中で、以前の体験が意識化への道をとるのと同様である。

行為の結果が、その行為を為した人間の魂のもとにふたたび立ち戻ってくる、という観点については、「可能な」考え方として以前触れておいた（七四頁以下参照）。一回だけのこの世の生活に限れば、このようには再帰してこない行為の結果もある。なぜかといえば、その場合、生活はむしろ新しいその行為を成し遂げることに費やされているからである。

したがって体験の意味は、行為を完成させることの中に存する。ちょうど体験している最中には、その体験を思い出すことができないように、その行為の結果は魂に立ち戻ってくることができない。このような体験の場合に問題になる行為の結果は、その行為を行う「私」が生来所有している要因にまだ触れていない行為の結果なのである。

しかし、前世の生活に由来する行為の結果だけに眼を向ければ、外から向ってくるように見える運命体験が、まるで、自我によって「内部から」作り出されたもののように、自我と密接に結びついて感じられるようになり、この運命体験と自分の前世の行為の結果とに深い繫がりがあるとしか思えなくなってくる。

このようにして、思考の光に照らされた身近な人生観を通して、この世の運命体験が前世の行為に繫がっているという、常識的には背理としか思えぬような仮説にまで導かれることになる。しかしこの仮説は、超感覚的認識によってしかその十全の内容を得ることはできず、この認識によらないなら、影の姿をとるしかない。とはいえ、通常の意識だけでこのような仮説に至ることは、真に超感覚的な観察を通して、その真実を観るようになる為の準備となるのである。

私の行為の一部分は外界にあり、他の部分は私自身の中にある。自我と行為のこの関係を、単純な自然科学上の比喩で説明することができよう。かつて視力を備えてケンタッキーの洞窟の中へ移住していった動物が、そこで生活を続ける間に、視力を失ってしまった。闇の中での生活が、眼を働かす機会を与えなかったのである。したがって、眼の中では、視覚活動に伴う物理的化学的な作用が生じえなかった。以前この作用のために費やされていた養分の流れは、それ以来、別の諸器官の方へ流れた。こうしてこの動物は、暗闇の洞窟の中でのみ、生きることができるようになった。この動物は、移住という行動を通して、自分の将来の生活条件を創ったのである。移住は、この動物の運命の一部分となった。かつて働いていたひとつの能力が、行為の結果と結びついて、別の能力に変ったのである。

　同様のことが、人間の霊についてもいえる。魂は行動することによって、霊に特定の能力を取り次ぐことができた。人間の霊がどのような能力をもっているかは、その魂がどのような行為を成し遂げたかによるのである。魂が成し遂げた行為を通して、この行為の成果として、別の行為を成し遂げることのできる霊的能力の素質が魂の中に生じる。この別の行為が成し遂げられるまでの間、魂は、はじめの行為の成果を、必要なものとして自分の中に担っている。言い方を換えれば、魂は、行為を通して、魂はこの行為の結果を清算しようとする必然性を、自らに刻印づけている。

　このように、人間の霊は、行為によって、自己の運命を招来してきた。人間の霊は自分が前世で果したことに、現世でも結びつけられている。

ここで次のような疑問が生じるであろう。――「人間の霊が、かつて生きた世界とまったく別の世界に生れ変ったとすれば、どうしてそのようなことが可能になるのか。」この疑問が生じるのは、運命の連鎖を外的な生活に即して考えているからに過ぎない。私がヨーロッパからアメリカへ移住したなら、まったく新しい環境の中に生きることになる。にもかかわらず、アメリカでの生活は、以前のヨーロッパでの生活にまったく依存している。ヨーロッパで機械工だった場合と、銀行員だった場合とでは、アメリカでの生活も別様に形成されるだろう。一方の場合は多分機械を相手に、他方の場合は銀行の中で、働くことになるだろう。いずれの場合にも、以前の生活が今の環境を決定している。以前の生活が、いわば新しい環境全体の中から、自分にとって身近なものを取り出して、それを自分の方に引き寄せるのである。霊我の場合も同様である。霊我は新しい人生においても、必然的に自分の周囲を前世において身近だったものでとりまかせるのである。

そして、睡眠が死の適切な比喩であるのは、睡眠中の人間が運命の待ち受ける舞台から引き離されているからこそである。睡眠中にも、この舞台では事件が進行していく。しばらくの間、人はこの進行に何の影響も及ぼさない。それにもかかわらず、翌日のわれわれの生活は、前日の行為の結果に依存している。われわれの人格は、われわれの行為の世界の中で、実際に朝になる度に、その都度新しく肉体に宿る。夜、眠っている間、われわれから離れていたものが、昼間になるとふたたび、いわばわれわれのまわりに現れてくる。
人間の前世の諸行為についても、同じことがいえる。ちょうど暗闇の洞窟が、この洞窟への移住によって視力を失った動物の生活と結びついてしまっているように、前世の諸行為も、運命となって、人間と結びついているのである。あの動物が、自分で移住していった環境の中でしか生きることができないように、人間の霊も、みずから自分の行為を通して作り出した環境の中でしか生きることができない。朝起きたときの私が、前日自分で作り出したままの状態におかれるのは、状況そのものの自然な成り行きであり、ふたたび生れ変ったときの私が、前世での私の行為の結果に相応した環境に出会うのは、生れ変った私の霊と周囲の事物との類縁関係によるのである。

　このことから人は、魂がどのように人間の本質に組み込まれているのかについて、ひとつの観念を作ることができる。肉体は、遺伝の法則に従っている。一方、人間の霊は、繰り返して生れ変らねばならない。転生の法則は、人間の霊が前世の成果を次の生の中に持ち込むということの中にある。魂は現世の中に生きている。しかし現世の中に生きているということは、前世の生活から独立しているということではない。生れ変った霊が、前世から自分の運命をもってくるのだから。

　そしてこの運命は、人生を規定している。魂がどんな印象をもつことができ、どんな願望を充足させることができ、どんな喜びや苦しみをもち、どんな人間たちと出会うことになるか、これらすべては、これまでの霊の転生の中で、どのような行為が為されてきたかにかかっている。魂は、ひとつの人生の中で結びついていた人たちに、次の人生の中でもめぐり会わずにはいないであろう。なぜなら、この人たちとの間で為された行為は、その結果をもたざるをえないからである。

ひとりの人の魂だけでなく、この魂と結びついていた他の魂たちも、同じ時代に生れ変ろうと努めるだろう。魂のいとなみは、このように、人間の霊がみずから作り出した運命のひとつの結果なのである。

三つのことが、誕生から死に至る人間の一生を規定している。そしてこのことを通して、人間は、誕生と死を超越している要因に、三重の仕方で依存している。すなわち肉体は、遺伝の法則に従っている。魂は、みずから作り出した運命に従っている。人は人間の魂によって作り出されたこの運命を、古い表現を用いて、カルマと呼ぶ。そして霊は、転生の、生れ変りの法則に従っている。

だから、霊、魂、身体の関係を、次のように言い表すこともできる。霊は不滅である。誕生と死は、物質界の法則に従って、身体を支配している。運命に従う魂のいとなみは、この世に生きる限りは、この両者に関連を与えている。人間の本質について、これ以上さらに認識をもとうとするなら、人間が属している「三つの世界」そのものを知ることが前提となる。次の章では、この三つの世界を扱うことになる。

人生の諸現象に向き合い、人生の真実に応じた考察から得た思想を、最後まで押し進めていくことを怖れないなら、思考の論理だけを通してでも、われわれは輪廻転生や運命法則の観念に行きつくことができる。「霊眼」を開いた見者にとって、過去の諸人生が、開かれた巻物のように、体験として現存するということが真実であるように、この真理が思索する理性の中で輝くことができるのも真実なのである。[註]

註 これに関しては巻末の「補遺」を参照のこと。

三つの世界

一　魂の世界

「人間の本質」の考察は、人間が三つの世界に属していることを教えた。人体を構築している素材と力とは、物性の世界から取り出されている。人間はこの世界についての知識を、外的感覚の知覚を通して得ている。この感覚だけを信頼して、もっぱらその知覚能力だけしか開発しようとしない人は、他の両世界、魂の世界と霊の世界について何も知ることができない。

人間が事物や生物の現実性を確信できるかどうかは、そのための知覚器官である感覚をもっているかどうかにかかっている。

もちろん、本書の場合のように、高次の知覚器官を霊的感覚と呼ぶ場合、すぐに誤解が生じてしまう。なぜなら「感覚」と聞くと、人はどうしても「物質」の観念をこれに結びつけてしまうから。実際、人は「霊的」世界に対立する意味で、物質界を「感覚的」世界とも呼んでいるくらいである。この誤解を避けるためには、「高次感覚」という言い方が、ここでは比喩的に用いられているのだ、ということを明らかにしておかなければならない。肉体の諸感覚が物的存在を知覚するように、魂と霊の諸感覚は魂的、霊的存在を知覚する。もっぱらそのための「知覚器官」という意味で、「感覚」という表現が用いられているのである。

もし人間が光を感知する眼をもっていなかったなら、光と色について何も知ってはいないだろうし、もし音を感知する耳をもっていなかったなら、音について何も知らないだろう。この意味で、ドイツの哲学者ロッツェ（一八一七―一八八一年）の言葉は正当である。――「光を感知する眼と、音を感知する耳をもたなかったなら、全世界は闇であり、沈黙したままであろう。歯の痛みが痛みを感知する歯神経なしには存在しえないように、そこには光や音も存在しなくなるであろう。」

ここでいわれていることを正しく把握するには、からだの表面全体に一種の触覚だけをもつ下等生物の世界を、人間の世界と比較して考えるだけで十分である。光、色、音はこの生物にとって、眼と耳のある生物の場合のようには、存在することができない。銃撃がひきおこす空気の振動は、そのような生物にも伝わるだろうが、この振動が魂に音響として現れるためには、耳がなければならない。エーテルと呼ばれる微妙な素材の中での或る種の経過が光や色となって現れるためには、眼がなければならない。

人間は何らかの器官によって、事物や存在の作用を感知するのでなければ、それらについて何事も知りえない。人間と現実世界とのこの関係を、ゲーテは次のように、適切に表現している。――「われわれは事物の本質を表現しようと、無駄な企てをしている。もろもろの作用に気づきさえすればいいのだ。そうすれば、それらの作用の全体がその事物の本質を包含している、ということに気づくであろう。或る人の性格を記述しようと努めても無駄である。しかしその人の諸々の行為を集めて、比較対照してみるなら、その人の人物像は、はっきりわれわれの前に現れてくる。色は光の能行（能動的行為）であり、所行（受動的行為）である。……色と光とが相互にこの上なく厳密な関係を保っているとはいえ、われわれはこの両者を、さらに自然全体に属するものとして考えなければならない。なぜなら、色と光とを通して、自己を特に眼の感覚に打明けようとしているのは、まさに自然そのものなのだからである。同じようにして、自然は別の感覚にも自己を現す。……こうして自然は、ここからさらに下って、他の諸感覚のところまで、つまり既知の、未知の、または否認されている感覚のところにまで語りかける。そして数百千の現象を通して、自分自身と対話し、かつわれわれと対話するのである。注意深い者にとって、自然はどんな場合にも死んではおらず、沈黙してもいない。」

もしもこの言葉によって、ゲーテが事物の本質の認識可能性を否定しようとしている、と考えるなら、その考え方は間違っているだろう。事物の作用が知覚できるだけで、本質はその背後に隠れている、とゲーテは言っているのではない。むしろ、このような「隠れた本質」など問題にする必要は全然ない、と言っているのである。本質は、現象の背後には存在しない。本質とはむしろ、現象を通して、表面に現れてくるものなのだ。本質はいくらでも多様化されるから、別の感覚に対しては、別の形姿で自己を現すことができる。その場合でも、現れているのは常に本質的部分である。ただ感覚に限界があるために、その本質が全体的本質ではないだけなのだ。このようなゲーテの観点は、われわれが霊学の観点から主張している立場とまったく同一である。

眼と耳が物体の諸様相を知覚する器官として、肉体の中で育っていくように、人間は自分の中に、魂界と霊界を知覚する器官を育てることができる。魂界と霊界は、この高次の感覚をもたぬ者にとっては、ちょうど耳や眼のない生物にとって物質界がそうであるように、「闇と沈黙」の世界である。

とはいえ、いうまでもなく、高次の感覚と人間との関係は、物体の感覚と人間との関係と同じではない。物体の感覚が完全に発達するように、通常は母なる自然が親切に配慮してくれる。人間が自分で努力しないでも、それらは育成される。しかし高次感覚を開発するには、人間がみずから努力しなければならない。人間のために物質的環境世界を知覚し、それに適応できるに足る身体を育成してくれるのが自然であるとすれば、魂界と霊界を知覚するに足る魂と霊を育成することができるのは、人間自身だけなのである。

自然自身がまだ発達させなかった高次の器官を、このように育成することは、自然に反した行為ではない。なぜなら、高次の観点から見れば、人間が為し遂げるどのような事柄もまた、自然に属しているからである。人間は自然から独立した時点の発展段階に留まり続けなければならぬ、と主張する人だけが、高次感覚の育成を不自然だと感じるのである。高次の感覚器官は、このような人からは、上述したゲーテの言葉の意味で「否認されている」。しかしこのような人は、人間の一切の教育をも同じように否定することになりかねない。なぜなら、教育もまた自然の仕事を継続するものなのだから。さらには盲目に生れついた人が手術をうけることにも反対しなければならないだろう。なぜなら、手術によって眼が見えるようになった人とほぼ同じことが、本書の最後の部分で述べられている方法で、高次の感覚を自分の中に目覚めさせた人に生じるのだから。

世界は、肉体の感覚が知り得なかった新たな特性、様相、現実を伴って、彼の前に現れてくる。この高次の諸器官を通して、勝手に何かが現実界につけ加えられたのではないこと、この諸器官なしでは現実界の本質的部分が隠され続けたであろうことが、彼には明瞭になる。魂界や霊界は、物質界の隣にあるのでも、その外にあるのでもない。それらは空間的に物質界から区別されているのではない。手術で眼が見えるようになった人にこれまでの闇の世界が光と色に輝くように、魂と霊とに目覚めた人に、以前はただの物体として現れていた事物が、その魂的、霊的特性を明らかにするのである。魂的、霊的に目覚めていない人にはまったく知られていない様相や存在で、この世界は満たされている。

魂的、霊的な感覚を育成する方法については、後で詳しく述べる筈なので、ここではまず、この二つの高次の世界そのものについて述べる。これらの世界を否定する人は、高次の器官をまだ開発したことがない、と述べているに過ぎない。人類の進化はどこかの段階で終る、というものではなく、限りなく続けられねばならぬものなのだ。

「高次の器官」はしばしば、肉体の器官に類似したものと考えられがちである。だから、高次の器官は霊や魂でできた組織なのだ、ということをわきまえておく必要がある。したがって、高次の世界で知覚されるものが、霧のように稀薄な物質的素材であるかのように予期してはいけない。そのように予期するかぎり、ここで「高次の世界」と呼んでいるものを、明瞭に理解することはできないだろう。知覚しようとするものが或る微妙な物体であるかのように思いさえしなければ、最初は極く基本的な点に限られるにしても、「高次の世界」についての真実の事柄を学ぶことは、それ程困難ではないのである。しかしこの認識が欠けているので、問題の要点を多くの人々は概して是認しようとしない。彼らはそれをありえない事柄と考え、自分を納得させるに足るものではないと考える。確かに霊的発展の高次の段階に到達することは容易ではないが、しかし霊界の本質を認識するのに必要な段階は、——そしてこの段階の意味はすでに大きい——魂的、霊的なものが物質の微妙な形態に過ぎぬという偏見をまず除こうとしさえすれば、それ程到達し難いものではない。

われわれが或る人物をその外見だけしか知らずに、その人柄のすべてを理解しようとしても無理なように、われわれの周囲の世界を、ただ物質的な感覚が教える部分だけから知ろうとしても無理なのである。そして、或る肖像写真が、写された人物と親しくなり、その魂を身近に知るようになったとき、われわれにとって生きた、よく分るものとなるように、物体の世界もまた、その魂的、霊的根拠を知るようになったとき、はじめて本当に理解できるようになる。それ故、ここでもはじめに高次の魂的、霊的な世界について語り、そのあとで物質界を霊学的観点から論じようと思う。

現代という文化期において高次の世界を語るには、若干の困難が伴う。なぜならこの文化期は、なかんずく物質世界を認識し、支配することに優れているからである。われわれの言語は、はじめからこの物質世界との関係において、その形態と意味を得てきた。だが既知のものを手がかりとして語るために、この慣用の言語を使用せざるをえない。だからそれによって、外的感覚だけを信用しようとする人の誤解をいくらでも招くことになる。

最初はいくつもの事柄を、ただ比喩的な仕方で語り、そして暗示するに留まっている。しかしそうするのは、そうせざるをえないからである。なぜなら、このような比喩は、人間をまず高次の世界の方へ向け、次いで自分でそこへ参入するようにうながすことのできる手段なのだから。（この参入そのものについては、最後の章で述べる。魂的、霊的な知覚器官の育成の仕方についても、その時言及されるだろう。今はまず、比喩によって、高次の世界についての知識を得なければならない。そのあとではじめて、この世界への眼をみずから開こうとする考えが生じうるからである。）

われわれの胃、心臓、肺、脳を構成し、支配している素材と力が、物質界のものであるように、われわれの衝動、欲望、感情、情熱、願望、感覚といった魂の特性は、魂的世界のものである。人間の魂は、肉体が物質界の一部分であるように、魂的世界の一部分なのである。物質界と魂の世界との第一の相違は、後者の世界のすべての事物や本性が、前者の世界の場合よりも、はるかに精妙で、動的で、自由に形態を変えうる、ということであろう。しかし、よく理解していなければならないのは、そこが物質界とはまったく異なった、新しい世界だということである。だからより粗雑であるとか、より精妙であるとかという場合、根本的に相違しているものを比較していることを意識していなければならない。物質界から取り出されてきた言葉で魂の世界を述べる場合、すべてにこのことがあてはまる。このことを前提にした上でなら、物質界における物質的素材や力の場合と同様に、魂の世界の存在者や構成体も、魂的素材から成り、魂的力の支配をうけている、ということができる。

物質界の構成体が、空間上の拡がりと空間上の運動とを固有のものとしてもっているように、魂界の存在者や構成体は、敏感な反応と衝動的欲望とを固有のものとしてもっている。それ故、魂の世界は欲望＝願望の世界、もしくは「要求」の世界と呼ぶことができる。こういう言い方は、人間の魂の世界から取ってこられている。したがって、ここで確認しておかなければならないが、魂の世界の中で、人間の魂以外の諸部分に現れる事象は、ちょうど外なる物質世界の素材や力が、人体を構成している素材や力と異なるように、人間の魂の諸力とは異なっているのである。衝動、願望、要求は、魂の世界の素材に対する名称である。この素材部分は、「アストラル的」と呼ばれる。魂の世界の力の方がより顧慮されるなら、「欲望存在」について語ることができる。しかし「素材」と「力」とをこのように区別したとしても、物質界におけるような厳密な区別にはなりえないことを忘れてはならない。或る衝動を「力」と呼ぶこともできるし、「素材」と呼ぶこともできる。はじめて魂の世界を見た者は、物質界との相違があまりに大きいので混乱してしまう。しかしこのような混乱は、それまで働いていなかった肉体の感覚が開けたときにも生じる。手術によって見えるようになったとき、生れつきの盲人は、以前触覚を通してしか知らなかった世界の中で、あらためて自分を位置づけることを学ばねばならない。そのような人は、たとえば対象をはじめは眼の中に見る。それから彼は、それを自分の外にあるものとして見ることができるようになるが、対象はまるで平面上に描かれているかのように現れる。奥行や事物間の距離は、その後時間をかけて、次第に把握できるようになるのである。

魂の世界には、物質界とまったく異なる法則が支配している。ところが魂の構成体の多くは、当然他の世界の構成体と結合している。たとえば人間の魂は肉体と結合しており、人間の霊とも結合している。それ故、人間の魂の中のいとなみは、同時に体や霊の世界の影響をうけている。魂の世界を観察するときには、このことが顧慮されなければならない。そして他の世界の働きによるものを、魂の法則であると思ってはならない。

たとえば、人が或る願望を外に表すとき、この願望は、思考内容、つまり霊的な内容によって担われており、霊の法則に従っているが、それと同時に、物質界の法則にも従っている。しかし、人間の側からの働きを除外して、物質界の法則を考察できるように、魂の世界についても同様の仕方で考察を行うことが可能である。

魂的事象と物質的事象のひとつの重要な相違は、前者における相互作用が本質的に内的であるというところにある。物理空間には、たとえば「衝撃」の法則が働いている。象牙の球が静止しているもうひとつの球にぶつかるとき、後の球は、前の球の運動と弾性から計算される一定方向に向って移動する。魂の空間においては、互にぶつかる二つの構成体の相互作用は、両者の内的特性に依存している。それらは、もし相性がよければ、相互に浸透し合い、いわば合体する。もし相反する特性をもっていれば、相互に反発し合う。

物理空間においては、たとえば特定の視覚法則がある。遠方の対象は遠近法的に短縮されて見える。並木道では、遠近法の法則に従い、遠くの樹木は近くのものよりも互に間隔を狭くとっているように見える。魂の空間においては、これに反して、すべてが、近くのものも、遠くのものも、その内的本性を通してもつところの間隔をとって、観る者に現れる。だから魂の空間に歩み入る人が、物質界から持ち込んだ規則をそこに当てはめようとすると、ありとあらゆる誤謬が生じることになる。

魂の世界の事情に通じるための第一の仕事は、物質界で固体、液体、気体の区別を立てるのと似た仕方で、その構成体を分類することであろう。そのためには、もっとも重要な、二つの根本的な魂の力を知らねばならない。すなわち共感《シンパシー》と反感《アンティパシー》とである。魂的構成体の中で、この二つがどのように作用し合っているかが、その構成体の種類を決定する。共感とは魂的構成体が他のものを惹きつけ、他のものと融合しようとし、そして他のものとの親和関係を生じさせる力である。反感とはこれに反して、他のものに反発し、他のものを排除し、自分の特性を主張しようとする力である。或る魂的構成体が魂の世界の中でどんな役割を演じているかは、この両基本力をそれぞれどの程度そなえているかによる。

三つの種類の魂的構成体が、このような共感、反感の作用に従って、まず区別されねばならない。そしてこれらの種類の相違は、共感と反感との相互関係如何によっている。この二つの基本力は、そのいずれの場合にも、存在している。まず第一の種類の構成体を取り上げよう。それは、周囲にいる他の構成体を共感の作用によって惹きつけようとする。しかし同時に、自己の中に働いている反感の力が、周囲にいるものを押しのける。その結果、外に向っては、もっぱら反感の力だけしかもっていないように現れるが、そうではなく、共感と反感がともにそこには存在しており、ただ後者が優勢であるに過ぎない。反感が共感にまさっているのである。

この構成体は、魂の空間の中で、自己中心的な役割を演じている。自分の周りにいる多くのものを押しのけ、わずかなものだけを好ましいものとして自分の方へ引き寄せる。それ故、この構成体は、変化し難い形態を保って、魂の空間を移動している。それらの共感の力は、貪欲な姿を示している。しかもこの貪欲は、満足することを知らぬかのようである。というのは、支配的な反感が、近寄ってくる多くのものを押しのけてしまい、魂は充たされようがないからである。この種類の魂的構成体を、物質界の何かと比較しようとするなら、固体がこれに対応しているといえるだろう。魂的素材性のこの領域を燃える欲望と呼ぶ。

　動物や人間の魂に混入しているこの欲望の熱こそ、低い感覚的衝動という、彼らの支配的な自己中心本能を決定しているものなのである。

　魂的構成体の第二の種類は、この両基本力が均衡を保ち、したがって共感と反感が同じ強さで作用している場合である。この構成体は、周囲のものに一種の中立性をもって相対している。それは特に惹きつけたり、押しのけたりすることなく、他と類似したものとして、他に働きかけている。それは自分と周囲との間にいわばはっきりした境界を引こうとしないで、周囲にいる他のものたちを絶えず自分に作用させているから、物質界の液体に比することができるだろう。

　この構成体が他のものを自分の方に引き寄せる仕方には、欲望がまったくない。このような働きの一例として、人間の魂が色彩を感知するときのことを考えてみよう。赤い色を感じるとき、私は周囲から中和した刺戟を受けとっている。この刺戟に赤色を見たときの快感がつけ加わるとき、魂に別の働きが現れるのである。中和した刺戟を生ぜしめているのは、共感と反感とが互に均衡を保っている魂的構成体である。魂のこのような素材は、自由に形態を変えうる、流動的なものである。それは第一のもののように自分本位に魂の空間を移動することなく、いたるところで他からの印象を受け容れ、出会うものの多くと親和している。このような魂の素材を、流動的感応性と表現することができるであろう。

魂的構成体の第三段階は、共感が反感を支配している段階である。反感は、自己中心的に自分を主張するが、今や周囲の事物への傾倒がこれにとって代る。このような構成体が魂的空間の中にいる場合を考えてみよう。それは周囲の諸対象に及ぼす引力圏の中心となっている。このような構成体を、特に願望素材性と呼ぶ必要がある。なぜなら、反感が存在するにしても、その働きが共感より弱いので、共感力が、その引力を及ぼすすべての対象を、この魂的構成体自身の領域内へ引き入れようとしているからである。だからその限りにおいて、その共感はまだ自己中心的な基調をもっている。願望素材性は、物質界の気体と比較されうる。気体があらゆる側面に膨張しようとするように、願望素材性もあらゆる方向に拡がるのである。

魂の素材のより高次の諸段階は、反感が完全に退き、共感だけが本来の作用者として現れることによって特徴づけられる。その場合、この共感の働きは、最初は魂的構成体そのものの諸部分の内に現れる。この諸部分は、相互に惹きつけ合う。或る魂的構成体内部の共感の力は快と呼ばれるものの中に現れる。そしてこの共感の、どのような減少も、不快なのである。寒さが減少した暑さに過ぎぬように、不快はただ減少した快に過ぎない。快と不快とは、人間の感情の世界（狭義での）の中で働く共感と反感なのである。この意味で感じるということは、魂が自分自身の内部で活動するということである。快、不快の感情の在り方次第で、魂の気分がきまってくる。

共感を自分自身の内部での活動に留めない魂的構成体は、もう一段高次の段階にいる。この段階は、すでに第四段階がそうであったように、共感の力が対抗する反感によって妨げられぬ点で、低次の三段階と区別される。これら高次の種類の魂の素材によってはじめて、多様な魂的構成体がひとつの共同の魂的世界としてまとまるのである。

反感が問題になる間は、まだその魂的構成体は自分だけのために、他のものによって自分を強め豊かにすることのためにのみ、他のものと係わろうとしている。反感が沈黙するとき、伝達し、啓示してくれる存在としての他のものを迎え入れる。物質空間における光に似た役割を、この高次の形式の魂の素材は魂的空間の中で演じる。この魂の素材は、或る魂的構成体をして、他の存在、他の本質を、これらの存在、本質そのもののために、いわば吸収するようにさせる。別のいい方をすれば、他の存在の光で自分を照らすようにさせる。

魂は、これら高次の諸領域を知ることによって、はじめて真の魂の在り方に目覚める。魂は、暗闇での重苦しいいとなみから解放され、外に向って開かれ、輝き、みずから魂的空間の中へ光を投げかける。低次の諸領域の魂的素材だけしか存在しない場合の、反感によって他から自分を閉ざそうとする、不活発で陰気な内的いとなみは、今や内から起って、外へ流れ込む魂の力と活動性とに変る。第二領域の流動的感応性は、構成体と構成体が出会うときにしか働かない。出会いに際しては、もちろんひとつのものが他のものの中へ流れ込む。しかし、接触がその場合には必要だった。高次の諸領域では、自由に放射し、自由に流出する。この領域の存在を「放射するもの」と呼ぶのは正しい。なぜなら、妨げられずに、自由に拡がる共感は、光の輝きに似た仕方で働くからである。

地下室に置かれると、植物の生長がとまるように、活動をうながす高次領域の素材がなければ、魂的構成体も成長することができない。このような高次領域の素材は、魂の光、魂の活動力、そして狭義での魂本来の生命である。これらは高次領域から出て個々の魂に付与される。

それ故、魂の世界は、三つの低次領域と三つの高次領域とに区別される。そしてこの二つは第四のものによって仲介されているから、魂の世界は以下のように区分できる。

一――燃える欲望の領域
二――流動的感応性の領域
三――願望の領域
四――快と不快の領域
五――魂の光の領域
六――魂の活動力の領域
七――魂の生命の領域

はじめの三領域における魂的構成体の特質は、共感と反感との関係から得られている。第四領域では、共感が魂的構成体自身の中だけに働いている。高次の三領域を通して、共感の力はますます自由になる。輝き、活気づけながら、この領域の魂的素材は、魂の空間に吹き渡り、自分だけでは自己存在の中に埋没しかねない魂的構成体を覚醒させるのである。

蛇足ながら、疑問を残さぬように、ここで強調しておくなら、魂の世界のこの七区分は、決して互に切り離された領域を示しているのではない。固体、液体、気体が物質界で互に浸透し合っているように、魂の世界における燃える欲望、流動的感応性、そして願望の領域の力は、互に浸透し合っている。そして、物質界で熱が物体を貫き通り、光がそれを照らし出すように、魂的世界での快、不快や魂の光にも同様のことが生じる。さらに同じことが魂の活動力と本来の魂の生命にも生じている。

二　魂の世界における死後の魂

魂は人間の霊と体との結合部分である。共感と反感の力は、相互の関係を通して、欲望、感応、願望、快と不快等々を生ぜしめるが、これらの力は、魂の構成体と構成体との間に働くだけでなく、他の世界である物質界や霊界の存在者たちにも働きかける。体に宿っているときの魂は、体に起るすべてに関与している。肉体の物質的組織が規則的に働いているときは、魂の中に快さと楽しさが生じ、その組織活動が妨げられるときには、不快と苦痛が生じる。

そして霊の働きの中にも、魂は関与する。或る思想は魂を喜びで充たし、他の思想は嫌悪感を生ぜしめる。正しい判断は魂の気に入り、間違った判断は魂を不愉快にする。人間の到達する境地も、魂の傾向がどの方向に向うかによって定まる。或る人の魂がその人の霊的活動に共感すればするほど、その人はそれだけ完成する。その魂の要求が肉体の機能によって満足させられている分だけ、それだけその人は未完成なのである。

霊は人間の中心点である。体は、この霊が物質界を観察し、認識し、そこで活動するのに必要な仲介者である。そして魂は、この霊と体との仲介者である。魂は、空気の振動が耳に与える物質的作用から、音の感覚を引き出し、この音を快として体験する。魂は、これをすべて霊に伝え、霊はそれによって物質界の理解に達する。一方、霊の中に現れる思考内容は、魂の中でそれを実現しようという願望に転化され、これによってさらに体を道具として行動へ向うことができる。

さて人間は、自分のすべての働きに霊の方向をとらせるのでなければ、自分の使命を達成することができない。魂は、自分だけの力で、物質にも霊にも向うことができる。いわばその触手を物質の方にも、霊の方にも、のばすことができる。物質界に沈んでしまえば、魂の存在そのものが物質の本性に貫かれ、色づけされる。その場合の霊は、物質界の中では、魂という仲介者を通してしか働くことができないから、この魂の在り方によって、霊自身に物質への方向づけが与えられる。霊的構成体はこの魂の力によって物質へ惹きつけられる。未発達の人間を例にとろう。彼の魂は、肉体の機能に執着する傾向をもつ。彼は物質界が感覚に与える印象だけに快感をもつ。そして彼の霊的生活もまた、このことによってまったく物質の領域にまで引き下ろされる。彼の思考内容は、物質的な要求を満足させることだけに奉仕する。

霊的自我は、転生を通して、ますます霊界から方向づけを得なければならない。その認識は、永遠の真理の霊によって、その行動は、永遠の善によって、決定されねばならない。

死とは、物質界の現実として考察するなら、体の機能のひとつの変化である。死んだ体は、魂と霊の仲介者であることをやめ、その機能を物質界の諸法則にまったく従属させ、まったく物質化し、そして自己をその中に解消させてしまう。感覚的には、体のこの物質的経過だけが、人間の死として観察される。そのあと、魂と霊とに何が起るかは、肉体の感覚では捉えられない。事実、魂と霊を感覚的に観察できるのは、それらが生存中に物質的経過の中で自分を外に表現するときだけなのである。死後、このような表現は、もはやできなくなる。だから肉体の感覚による観察と、この観察の上に打ち建てられた学問とは、死後の魂と霊の運命にとって何の役にも立たない。魂界と霊界とにおける諸経過の観察に基づく、まさに高次の認識が、そのためには必要となる。

さて霊は、体から離れたあとでも、まだ魂と結びついている。そして地上に生きていたときの体が霊を物質界につなぎとめていたように、今は魂が霊を魂の世界につなぎとめている。

しかし霊の本源的な姿をこの魂的世界の中に見出すことはできない。魂はただ、霊を霊の創造の場である物質界と結びつけるべき存在なのである。霊がより完成された形姿をとって新しく生れ変ってくるには、そのための力と鼓舞とを霊界から取ってこなければならない。しかし地上生活においては、霊は魂を通して、物質界の中に組みこまれていた。霊を拘束する魂が物質の本性に貫かれ、色づけされていたので、霊自身も物質界の方向に向わざるをえなかった。死後、魂はもはや体ではなく、霊だけと結びついている。魂は、魂本来の環境に生きている。したがって、魂界の諸力だけが魂になお作用できる。魂界でのこの生活には、はじめのうち、霊も加わっている。霊は、この世の生活において体と結びついていたように、今は魂の生活と結びついている。いつ体が死ぬかは、体の法則によってきまっているので、魂と霊が体から去っていくのではなく、人体の力が人体組織の中でもはや働けなくなったとき、この体が魂と霊の拘束を解くのである。

同様のことが、魂と霊との関係についてもいえる。魂の力が、人間の魂組織としての在り方を、もはや保つことができなくなったとき、この魂が霊を高次の霊的世界の方へ去らせるのである。

魂が体の中でしか体験できなかったものに執着することをやめ、霊と一緒に体験できるものだけと係わりを保とうとするとき、霊は解放される。体の中で体験したものであっても、魂がその成果を霊に刻印づけることができるなら、この体験内容は、霊界においても、魂を霊と結びつけてくれる。

死後の魂の運命を知るには、その消滅過程を考察しなければならない。魂は霊を物質の方に向わせる課題を背負っていた。この課題を果し終えた瞬間に、魂は霊の方向に向う。

この課題との関係からいえば、体が魂から離れ、したがって魂がもはや結合部分の役割を果す必要がなくなるとき、魂は本来なら、ただちにもっぱら霊的に活動できる筈である。体におけるいとなみを通して体の影響をうけ、体に惹きつけられることさえなければ、魂はもっぱらそのように活動することができた筈である。体に宿ることで、その影響に染まることがなかったなら、体を脱したあと、ただちに霊的、魂的な世界の法則だけに従い、感覚体験を今までのように求めたりはしなかったであろう。もし人間が死に際して、完全に地上世界への関心がなくなる程にまで、地上存在と結びついた欲望、願望等のすべてを満足させていたなら、そうできたかも知れない。しかし現実にそうできない場合には、この方向でまだ充たされていないものが、魂に付着している。

混乱を避けるために、ふたたび生れ変ってきたときに償いをつけることができるようなこの世の因縁と、死後の魂を生前の特定の生活に執着させるようなこの世の因縁とを注意深く区別しておかなければならない。前の場合は、運命の法則、カルマを通して解決されるが、後の場合は、死後の魂が自分でその因縁を取り除くことしかできない。

死後の魂は、もっぱら自分が霊的、魂的な世界の法則に従うことで、霊を自由に活動させるために、物質存在への執着を一切絶つのに必要な一時期をもつ。魂が物質的なものに拘束されていればいるほど、もちろんこの期間は延長される。物質生活への依存度の少なかった人の場合は、期間が短く、物質生活への関心が強く、死後もなお多くの欲望、願望等が魂の中に残っている人の場合は、長く続く。

死の直後の魂がどのような状態にあるかを知るには、次のように考えるのが一番容易であろう。かなり極端な場合として、美食家を例にとろう。料理を味わう彼の楽しみは、もちろん身体的なものではなく、魂的なものである。魂の中には、快楽とともに、快楽への欲望も生きている。しかしこの欲望を満足させるためには、そのための身体器官である口腔や舌が必要である。ところが死後、魂はこの同じ欲望をすぐには失わずにもっているのに、それを満足させる手段である身体器官をもはやもっていない。そのため、どこにも水のない土地で、焼けつくような渇きに苦しむ人に似た苦しみを、しかもそれよりずっと烈しい苦しみを、魂は味わう。

快楽の欠乏に際して魂が経験する焼けつくような苦しみは、魂が快楽を可能にする身体器官を失ったところからきている。魂が欲求するものの中で、身体器官を通さずにはその欲求を満足させることのできないものはすべて、このようにして魂を苦しませる。この欠乏の渇きに焼けつく状態は、身体を使わなければ充たせないような欲求を求めても、もはや無駄だと魂が悟るまで、持続する。この状態において費やされる期間を、「欲望の場所」と呼ぶことができる。もちろんこの場合、「場所」が問題になっているわけではないけれども。

死後、魂の世界に入った魂は、この世界の諸法則の下に生きる。その諸法則が魂に働きかける。物質的なものを志向する魂の傾向が、どのような仕方で消滅するに至るかは、この働きかけにかかっている。この働きかけは、魂が入っていった領域の素材と力の種類によって異なってくる。とはいえ、種類の如何にかかわらず、この働きかけによって純化し、浄化する感化力が、魂に影響を及ぼす。そしてすべての反感作用が魂の中で、次第に共感の力によって克服され、共感そのものも、最高の頂点にまでもたらされる。最高度の共感とは、魂が魂界全体に融合し、魂界とひとつになることをいう。そのとき、魂の利己的傾向は、完全に消える。魂は、もはや物質的、感覚的な存在に関心をもとうとはしなくなる。このようにして、霊が魂を通して解放される。

このようにして魂は、完全なる共感の領域で、魂界全体とひとつになるまで、上述した魂界の諸領域を通過しながら、浄化を続ける。もしも霊が、魂の解脱の最後の瞬間まで、この魂そのものと結びついていたとすれば、それは霊が、地上生活を送る間に、魂と完全に同化してしまったからに他ならない。この同化は、体との同化よりもずっと徹底している。なぜなら、霊は、体とは魂を通して間接的に結びついていたのだが、魂との結びつきは直接的なのだから。魂は、霊の個人生活としていとなまれている。だから霊は、腐敗する肉体にではなく、次第に解脱を遂げつつある魂と結びついている。

霊は魂と直接結びついているから、魂が魂界全体とひとつになったときはじめて、霊は魂から自由になった自分を感じることができる。

死後の人間の最初の滞在の地である魂の世界は、「欲望の場所」と呼ばれるが、魂のこの状況を知り、それを教義に取りいれているさまざまな宗教体系は、この「欲望の場所」を「煉獄」、「浄火」等と名づけている。

魂界のもっとも低い領域は、燃える欲望の領域である。死後、この領域を通過する間に、物質生活にかかわる粗野で利己的な欲望が消滅させられる。なぜなら、この欲望をまだ捨てることができずにいる魂は、まさにこの欲望を通して、この領域の力の或る作用をまともに受けざるをえないからである。この作用の起点となるものは、物質生活への、まだ充たされぬままに残っている欲望である。この魂の共感は、自分の利己的欲求を充たしてくれるものにしか及ぼうとはしない。その他のいたるところには、反感が働いており、その反感が魂を圧倒している。ところがこの場合、欲望は魂界の中では充足させられない物質的享受を求めている。したがって欲望は、この充足不可能性の中で、最高度に高められる。

しかしこの高まりは、同時に充足不可能性によって欲望の火を漸次消す働きでもある。燃え上がる渇望は、次第に燃え尽きる。そして魂は、渇望が消滅していく中で、渇望に由来する苦悩を抑えるには、唯一の手段しかないことを経験する。地上生活にあっては、その都度、欲望を充足させることができたが、このことによって、燃え上がる欲望の苦しみは、一種の幻想《イリュージョン》に覆い隠されていた。

しかし死後、「浄火」の中では、この苦しみがまったく露わに現れる。その欠乏が徹底的に体験されざるをえないのである。その間、魂がおかれている状態は、まったくの闇である。もちろんこの状態に陥るのは、地上生活において、もっとも粗野な事物に欲望を向けてきた人間だけである。あまりこの渇望にとらわれなかった人は、それとは気づかずに、この状態を通過してしまう。なぜなら、この状態に何も身近なものを感じていないからである。

この世の生活の中で、燃える欲望と同化する度合が大きければ大きい程、それ故浄化される必要が大きければ大きい程、魂は、長期に亘ってこの領域に引きとめられる。この浄化を、もっぱら苦悩としてしか感じられないような感覚界の苦悩と同じ意味で、「苦悩」と名づけることはできない。なぜなら、死後、それによってのみ自分の中の不完全さを根絶することができる故に、魂自身がこの浄化を求めるのだから。

共感と反感が均衡を保っているのが、魂界の第二領域の状態である。死後、これと同じ状態にある人間の魂は、この第二領域の作用を受ける。人生の外的事情に心を奪われたり、感覚の一時的な印象に喜びを求めたりすることが、この状態を作り出す。このような状態にある魂の要求から自由になれない人は、この領域の中に留まり続ける。このような人は、日常の瑣事にいちいちこだわる。しかしその際、共感が特にひとつの事物に向けられることがないから、どんな印象も、特別の影響を与えることなく、急速に通り過ぎる。しかもこの些細な、無価値なもの以外はすべて、このような人の反感を呼び起す。さて魂が死後このような状態に留まり続けようとするのに、魂のこの要求を満足させるのに必要な感覚的、物質的な事物が存在しない場合、この状態もまた完全に消滅せざるをえない。完全に消滅するまで、魂を占めている欠乏感は、もちろん苦痛に充ちているが、このような苦しい状況こそ、人間が地上生活を送っていたときにとらわれていた幻想を打ち破るための道場なのである。

第三に、魂界の中には、共感と願望の支配する状況が観察される。魂は死後、願望の雰囲気をもつすべてのものを通して、この第三の領域の作用を受ける。この願望もまた、成就させることが不可能なので、次第に消滅する。

魂界の第四領域である快と不快の領域は、魂に特別の試煉を課す。肉体に宿っているとき、魂は体に関するすべての事柄に関与する。快と不快の働きは、体と結びついている。体が快感と満足感、不快感と不満足感を惹き起す。だから人間は、地上生活において、自分の身体を自分の自我と感じるのである。自己感情と呼ばれるものは、この事実に基づいている。そして人間が感覚的傾向を強くもっていればいる程、その自己感情は、このような特徴をもっている。

死後、自己感情の対象である体が失われる。この感情の主である魂は、まるで自分の中にぽっかり穴が空いてしまったように、自分を感じる。自分が見失われてしまったかのような感情が魂を襲う。この感情は、肉体的なものの中に真の人間が存在するのではないことを認識するようになるまで、持続する。

この第四領域の作用は、したがって、肉体即自我の幻想を打破することにある。魂は体的本性を、もはや本質的なものとは感じなくなる。魂は、体的本性への執着から解放され、純化される。これまで魂を物質界に強く拘束してきたものが、このようにして克服されたので、今や魂は、外へ拡がる共感の諸力を存分に発揮することができるようになる。魂は、いわば自己を脱却して、魂界全体の中へ自分を進んで注ぎ込むようになる。

以上との関連で、是非述べておかなければならないのは、自殺者の問題である。自殺者は、特別の仕方で、この領域の諸体験に耐えていかなければならない。彼は不自然な手段を用いて肉体を棄てたが、肉体に係わるすべての感情は、そのまま彼の魂の中に残されている。自然死の場合は、肉体の衰弱とともに、肉体に結びついた諸感情も、部分的に消滅していく。自殺者の場合は、突然穴が空けられてしまったという感情が生み出す苦悩の他に、自殺の原因となった充たされぬ欲望と願望とが、苦悩を生み出す。

魂界の第五段階は、魂の光の段階である。この段階では、他のものに対する共感がすでに重要な意味をもつ。この世の生活の中で、低い欲求だけを満足させようとはせず、与えられた環境に対して、喜びと愛情を感じることのできた魂は、この段階に親しみをもつことができる。

たとえば自然に没入しようとする態度も、もしそれが感覚的性質のものであったら、たとえばこの段階で浄化を受けるだろう。しかし自然体験には、もっと高次の、霊的性格のものがある。それは自然の事物やそのいとなみの中に顕現する霊を体験しようとする場合である。このような自然感情は、その人の霊性を開発し、魂の中に永続的部分を築き上げる。しかし感覚的享受を動機にもつ自然体験は、この自然感情とは異なる。魂は、物質的なものだけに向けられた欲求と同じように、このような自然体験をも、浄化しなければならない。また多くの人びとは、物質的な福祉をもたらす諸制度、たとえば快適な生活を築くための教育制度の中に、一種の理想を見出している。この人びとが利己的衝動だけに従っているとは、もちろんいえない。しかしその人びとの魂は、感覚世界を志向している限り、魂界の第五領域を支配している共感の力によって、浄化されなければならない。この共感の力には、そのような外的充足手段が欠けているから、魂は別の手段でこの共感を充足させなければならない。そしてそのような手段とは、魂が魂界の環境に共感することによって実現されるところの、魂の空間の中への自己流出以外にはないのである。

宗教活動を通して物質生活の向上を期待していた人びとの魂も、この領域で浄化を受ける。その人びとの憧憬の対象が地上の楽園だったのか、それとも天上の楽園だったのかはどちらでもよい。いずれの場合も、このような人びとの魂は、「魂の国」の中で、この楽園に出会うであろうが、それは結局、このような楽園の空しさを悟るためなのだからである。以上は、この第五領域で生じる浄化についての個々の例に過ぎない。例はいくらでも増やすことができる。

第六の領域は、魂の活動力の領域である。利己的な性格をもたなくても、行為の動機が感覚の満足にあるような事業欲は、この領域の中で浄化を受ける。活動意欲に燃えている人は、一見まったくの理想主義者であるような印象を与える。犠牲的精神に富んだ人物であるようにも見える。しかし深い意味において、そのような場合の動機となっているのは、感覚的な快感の高まりなのである。芸術的な人や面白いというだけの理由で学問研究に没頭している人の多くも、この部類に属する。芸術や学問の存在理由がそのような面白さにあると信じることが、その人たちを物質界につなぎとめている。

本来の魂の生命の領域である第七領域は、感覚的、物質的な世界への執着から最終的に人間を解放する。これまでのどの領域も、魂の中にあるその領域と同質の部分を、魂から取り上げてきた。最後に残された魂の部分は、感覚的世界のためにすべてを捧げて働くべきだという考え方であって、これが霊を依然として覆い包んでいるのである。

非常に優れた人物の中にも、物質界の事象以外のことはあまり考慮しようとしない人がいる。そのような信念を唯物論信仰と呼ぶことができるだろう。この信念は、打破されねばならない。そしてそれはこの第七領域において為される。この領域での魂は、真の現実の中には唯物論信仰の対象となるようなものは何も存在しない、ということを悟る。氷が日に当って溶けるように、魂のこの信念もこの領域で消えていく。魂は今や、魂界に残りなく吸収し尽され、霊はあらゆる束縛から自由になる。霊は今、本来の諸領域へ向って飛翔する。それらの領域においてのみ、霊は、自己本来の環境の中にいる、ということができる。

魂は生前、この世の課題に応えてきた。そして死後、この課題のうち、霊にとっての束縛であったものが解消された。魂は、地上生活のこの残滓を、残りなく捨て去ることにより、魂自身、その本来の領域の中に戻っていく。

以上に述べたことから分るように、魂界における諸体験と、それを体験する死後の魂の状態とは、肉体に宿っていた魂の中の、肉体と同質化してしまった部分がますます拭い去られるに応じて、魂にとっても好ましい様相を示すようになる。

魂は、この世の生活の中であらかじめ作られてきた条件次第で、以上の諸領域のどれかに長く留まったり、短く留まったりする。魂は、同質の領域に、この同質性がすっかり消滅するまで留まり続ける。同質の部分が全然存在しないところでは、何も感知することなく、魂はその影響圏を通過する。この章では、魂界の基本性質と魂界における魂のいとなみの一般的特徴だけを扱ったが、この点は霊界についての以下の記述でも同じである。魂界と霊界の特質を、もっと詳細に論じようとするなら、とても一冊の本には収めきれないものになってしまうであろう。物質界における空間の関係や時間の進行に比較されるようなものについてだけでも、それが物質界とはまったく異なるものなので、理解を容易にしようと思えば、非常に詳細にわたって述べる必要があるからである。この点に関する若干の重要な内容は、私の『神秘学概論』の中に見出せる。

三　霊界

さて、霊がさらにどのような旅を続けていくのかを考察する前に、霊の歩み入る領域そのものを観察する必要がある。この領域というのは、「霊界」のことである。

霊界は物質界と全然似たところがないから、物質的感覚だけに信頼をおく人には、すべてが空想としか思われないであろう。「魂の世界」について考察した際に述べておいたこと、つまり語ろうとすれば、比喩を用いるしかないということは、「霊界」の場合、より一層当てはまる。実際、大部分が感覚的現実を表現するためにあるわれわれの言語は、「霊界」を直接表現することのできる用語にはあまり恵まれていない。だから、特にこの章の中で語られる言葉の多くが、暗示以上に出ないことを理解しておかねばならない。すべての事柄が物質界とあまりに似ていないので、そうするしかないのである。物質界に相応した言語手段が、どれ程不完全にしか霊界の経験を記述できないものか、このことを筆者はこの部分の執筆に際して常に意識していた。

特に強調しておかなければならないのは、霊界が、人間の思考内容を織り成す素材とまったく同じ素材によって織り成されている、ということである。「素材」という言葉も比喩的に用いられているのだが、人間の思考内容の中に生きている素材は、この素材の真の本性の影であるに過ぎず、図式であるに過ぎない。壁に投影された事物の影がその事物そのものに対するように、人の頭に浮ぶ思考内容は、それが示唆する「霊界」の本性に対している。

人間は、霊的感覚が目覚めたとき、ちょうど肉眼が机や椅子を見るように、この思考内容の本性をはじめて本当に知覚できるようになる。その人の周囲を思考の本性が取り巻く。肉眼は獅子を知覚し、感覚的知覚と結びついた思考は、獅子のこの知覚像に関する思考内容を図式もしくは影絵としてもつ。霊眼は「霊界」の中で獅子に関する思考内容を、肉眼によって知覚された獅子の物質的形姿と同じ位の生まなましさで、見る。ここでも、魂界のために用いた比喩が役に立つ。——手術によってはじめて眼が見えるようになった人にとって、周囲が一度に新しい色と光の中に現れるように、霊眼を用いることを学んだ人にとって、周囲は新しい生きた思考内容や霊たちの世界によって満たされるのである。

まず、物質界と魂界に存在するすべての事物や生物の霊的原像が、この世界の中に現れてくる。画家が絵を描く以前、すでにその心中に、その絵の構想が存在していることを考えるなら、原像という言葉が意味するものを、比喩的にであれ、理解できるであろう。原像が実際には描く前には存在しておらず、制作の過程で徐々に生れてくるのだとしても、そのことが今問題なのではない。問題は、「霊界」の中に、すべての事物の原像が存在する、そして事物や生物の物質的存在形態は、この原像の模像に過ぎない、ということなのである。

外部感覚だけに信頼をおく人は、この原像の世界を否定するであろう。そして原像とは、悟性が感覚的に知覚できる事物を比較しつつ作り上げた抽象概念なのだ、というであろう。なぜなら、このような人は高次の世界を知覚していない訳だし、思想の世界を抽象的な図式においてしか知っていないからである。そのような人は、犬や猫を知覚するのと同じ身近さで見霊者が霊の存在を知覚することも、原像の世界が感覚的、物質的な世界よりも、はるかに強度の現実性をもっていることも、知らないのである。

とはいえ、霊界の光景は、初めは魂界のそれよりも、もっと混沌としているようにみえる。なぜなら、原像の真実の姿は、その感覚的模像とはまったく似ていないからである。原像の影である抽象的な思考内容もまた、原像とはまったく似ていない。

霊界では、一切が絶え間のない活動状態を保ち、止むことのない創造行為を続けている。物質界に存在するような休息、停滞は、ここには存在しない。なぜなら、創造する本性が原像なのだからである。

原像は、物質界と魂界に生じる一切のものの創造者である。原像の形態は、急速に変化する。どの原像にも、無数の特殊形態をとる可能性が存する。いわば特殊形態を、自分自身の中から湧き出させる。原像は、一つの形態を産み出すかと思えば、すぐにまた次の新しい形態を現出させる。そして或る原像と別の原像とは、互に多かれ少なかれ親密な関係にある。それらは孤立して作用することがない。創造活動のために、互に相手の協力を必要としている。魂界や物質界の中に特定の存在が生じるために、無数の原像が共同で働くことさえまれではない。

「霊界」の中には、「霊視」されるものの他に「霊聴」の対象として考察すべき別の原像が存在する。「見霊者」が魂界から霊界へ上ると、やがてその知覚された原像は、響きはじめるようになる。この「響き」は、純粋に霊的な事実である。それは物質界の音とは、まったく別様に理解されなければならない。それを体験する人は、音の海の中にいるかのような自分を感じる。そしてこの音響、この霊的響きの中で、霊界の精霊たちが自己を語る。この音響の和声とリズムと旋律の交響する中で、彼らの存在の原則や相互関係、親和関係が明瞭に示される。

物質界の中で、悟性が法則や理念として認めるものが、「霊耳」には霊的音楽として表現される。ピタゴラス派が霊界のこの知覚内容を「天体音楽」と名づけたのは、このことによる。「霊耳」をもつ者にとって、「天体音楽」は象徴的、寓意的なものではなく、よく知られた霊的現実なのである。

この「霊的音楽」について明確な概念を得ようと思うなら、「肉体の耳」で聴く感覚的音楽に関する一切の観念を取り去る必要がある。ここではまさに「霊的知覚」が問題なのであり、「感覚的な耳」にとっては沈黙でしかないような知覚が問題なのだから。

しかし「霊界」を簡潔に記述する必要上、以下では「霊的音楽」に言及することはしないつもりである。したがって、「形象」として「光輝くもの」として述べているものは、同時にすべて「響きを発するもの」でもある。色と光を知覚するとき、霊的な音が、そして色の組み合わせによる効果には、和音や旋律等が同時に聞えているのである。また、音響が支配しているところでも、「霊眼」の知覚活動は止んでいない。このことはどんな場合にも忘れてはならない。すなわち、常に響きには輝きが対応しているのである。したがって以下で「原像」のことが語られるとき、「原音」のことも同時に考えるべきである。比喩的に、「霊的味覚」等と呼びうる、その他の霊的な知覚内容についても同様である。しかしここでは、このような事柄について立ち入った考察を行うことはできない。さしあたり必要なのは、「霊界」とは何かについて、霊界全体の中から取り出された若干の種類の知覚内容をもとに、ひとつの考え方を呼び起すことなのである。

さて、さまざまの種類の原像を互に区別することがまず必要である。「霊界」においても、位置づけが正しく行えるように、特定の段階もしくは領域を、分類しておかなければならない。個々の領域は、「魂界」の場合と同じように、ここでも層をなしてはっきり上下に区別されるのではなく、相互に浸透し合い、混淆し合っている。

最初の領域には、物質界の中の無生物の原像が存在している。鉱物の原像、さらに植物の原像もここに見出せるが、その場合は、植物が純物質的である限り、つまり生命が顧慮されぬ限りでの植物の原像なのである。だからここでは、動物や人間の物質的形態にも出会う。この領域に存在するものは、以上で尽きる訳ではない。ただ明白な例をあげて説明したに過ぎない。

この領域が「霊界」の土台をなしている。それは、地球上の陸地と比較されうる「霊界」の大陸部分なのである。この領域と物質界との関係は、比喩的にしか述べることができないが、次のように考えることによって、ひとつの観念を得ることができる。或る限定された空間に、あらゆる種類の物体がつめこまれているとしよう。今、心の中でこれらの物体を消し去り、それらの占めていた空間に、それらの形が残した虚空間を考える。一方、それまで何も存在していなかった空間（虚空間）の部分は、消し去られた物体たちと多様な関係をもつ、ありとあらゆる形態によって埋め尽されている、と考えるのである。

原像世界の最下位の領域は、ほぼこのような様相を呈している。そこでは、物質界の中に形態をもっている事物や生物が、「虚空間」として存在している。そしてこの虚空間を取り巻く空間の中では、原像の（そして「霊的音楽」の）活発な活動が行われている。物質界にあっては、この虚空間の部分が物質の素材でいわば充塡されている。肉眼と霊眼とを同時に働かせて空間を観察するなら、物体の存在と同時に、物体と物体との間に、創造する原像が活発に働いている様をも観るだろう。

「霊界」の第二の領域には、生命の原像が存在している。しかし生命は、この領域の中では、ひとつの完全な統一体をなしている。それは液体成分として、霊界のいたるところに流れ込み、いわば血液のように脈打ちながら、あらゆるところにまで及んでいる。それは地球にとっての海や湖沼や河川のような部分であるともいえる。しかしその分布の仕方からいえば、海や河川よりも動物のからだに流れている血液の方に近い。思考内容を素材にした流動する生命、人は「霊界」のこの第二段階をそう名づけることができよう。この流動する生命という活動領域の中に、物質的現実の中で生命ある存在として現れるすべてのものの根源的創造力が存している。この領域の中では、一切の生命がひとつの統一体であり、人間の生命もその他一切の生物仲間の生命と同質である、ということが示されている。

「霊界」の第三領域としては、一切の魂あるものの原像が挙げられねばならない。ここは、はじめの二つの領域よりも、もっと精妙な領域である。比喩的にそれを「霊界」の大気圏と名づけることができる。物質界や魂界で魂がいとなむすべては、この領域にその霊的対応物をもっている。一切の感情、本能、情念は、霊的な在り方で、この領域内にもう一度現れる。この霊界の大気圏における気象状況は、物質界、魂界での生物の苦しみと喜びに相応している。人間の魂の憧れは微風《そよかぜ》のように現れる。激情の発作は暴風のようである。この領域の観察内容に通じている人は、どの生物に注意を向けても、その生物の嘆きに深く入っていける。たとえば、電光のひらめきと雷鳴の轟音を伴う激しい雷雨について語ることができる。その場合、事態をさらによく見極めるなら、地上の激戦中の戦場から発するさまざまの情念が、このような「霊的悪天候」として表現されていることが分る。

第四領域の原像は、物質界、魂界とは直接関係をもたない。この原像は、或る点では、低次の三領域の原像を統率し、相互の連繫を可能にする本性たちである。したがって彼らは、低次の三領域の原像に秩序を与え、組分けする仕事に従事している。だからこの領域は低次の三領域よりも、もっと包括的な役割を引き受けている。

第五、第六、第七領域は以上の領域から本質的に区別される。なぜなら、これらの領域の本性たちは、低次の諸領域の原像に活動の原動力を提供するのだから。原像の創造力そのものが、彼らの中に存在している。この高次の諸領域にまで上ることのできた人は、われわれの世界の根底にある「意図」を知るようになる。[註]

註　「意図」のような用語も比喩として用いられている。このことは前述した言語表現上の困難さからいって、自明なことであるが、かつての合目的性の説をむし返すつもりではない。

ここにも思考存在として多様極まりない形式をとっている原像が、生きた胚種として存在している。この胚種が下位の諸領域に移されると、いわばふくらみはじめ、そして多様極まりない形態を示すまでに至る。物質界における人間精神の創造性の源である諸理念は、霊界の高次領域におけるこの思考種子の影であり、残照である。

「霊耳」をもった観察者が、「霊界」を低次の領域から高次領域へ上昇すると、どのようにして音響が「霊語」に転化するか、知ることができる。彼は「霊言」を聴きはじめ、事物や生物の本性を音楽によってだけでなく、「言語」によって学ぶようになる。それらの本性は、自分たちの——霊学でいう——「永遠の名」を、彼に告げる。

ここで知っておく必要があるのは、以上の思考種子が合成されたものだということである。思考世界の成分から、いわば胚乳だけが取り出される。そしてこの胚乳が、本来の生命の核を包んでいる。この生命の核とともに、われわれは「三つの世界」の限界にまで達したことになる。なぜならこの核は、三つの世界よりも、もっと高次の諸世界に由来するのだから。前章で人間をその構成部分に従って記述したとき、人間の生命の核の構成部分は、「生命霊」並びに「霊人」と呼ばれた。人間以外の世界（宇宙）存在者たちにも同様の生命核が存在する。これらの核は、もっと高次の諸世界に由来し、自己の使命をそこで成就するために、この三つの世界に移されているのである。

さて以下に、死後から新生に至るまでの人間の霊が、霊界においてその遍歴をさらにどう続けていくのか、述べなければならない。その際「霊界」の状態と特徴とが、もう一度明示される筈である。

四　死後の霊界における霊

人間の霊は、死後から新たに再生するまでの途上で、「魂界」を遍歴した後、「霊界」に入り、新しい肉体を受けるための機が熟すまで、そこに留まっている。この「霊界」滞在の意味を理解するには、輪廻転生の意味が正しく理解できなければならない。

この世に生をうけた人間は、物質界で創造活動を行う。彼は物質界の霊的存在として創造活動を行う。人間は、自分の霊が考案し、形成するものを、物質の形態に、物体の素材と力とに刻みつけ、霊界の使者として、霊を物体界に同化させる。

人間は、肉体をもつことによってのみ、物体界に働きかけることができるから、肉体を道具として使用しなければならない。そうすれば、物体的なものを通して、物体的なものに働きかけることができるし、物体的なものが彼に働きかけることもできる。けれども、人間の体的本性を貫いて働きかけているものは、霊に他ならず、物体界で作用するための意図、方向は霊から来ている。

さて、霊が肉体内で働く場合、霊としての真の姿で存在することはできない。いわば物質存在のヴェールを通して輝き出ることができるだけである。したがって、人間の思想生活は、本当は霊界に属しており、それが物質的存在の中で行われる場合、その真の姿はヴェールに被われている。肉体をもった人間の思想生活は、この生活が本来属しているところの真の霊的存在の影像であり、反映である。

このように、物質生活をおくる霊は、肉体を基礎として、地上の物体界と互に作用し合う。輪廻転生を重ねつつ、物体界にこのような働きかけを行うことが、まさに人間の霊の使命のひとつだとしても、もし肉体存在としての生活しか行わないとすれば、人間の霊は、この使命に十分応えることは決してできない。なぜなら、ちょうど住宅の設計が職人達の働く建築現場で作り上げられるのではないのと同じように、地上の課題の意図と目標とは、この世に生をうけたあとで形成され、獲得されるのではないからである。設計が建築家の事務所で仕上げられるように、地上の活動の目標と意図とは、「霊たちの国」で形成されるのである。

人間の霊は、死ぬ度毎に、繰り返してこの霊たちの国に生きなければならない。それは、ここで得たものによって、用意を新たに、ふたたびこの世での仕事につくことができるためなのである。建築家が、煉瓦やモルタルを使用することなく、自分の事務所で建築学やその他の法則の教えるところに従って、設計図を仕上げるように、人間の創造活動の建築家である霊もしくは高次の自我は、「霊界」の中で、霊界の法則に従って、能力を身につけ、目標を知り、そして地上の世界のためにそれを役立たせる。肉体に宿る人間の霊は、繰り返して自分の世界（霊界）に滞在するのでなければ、この世の現実の中で、霊的存在であり続けることはできないであろう。

人間は、物質の性質や力を、この世の舞台で学ぶ。この舞台の上で、創造活動を行いながら、物質界がそこで働く自分に何を要求するのかについて、経験を蓄積する。そして自分の思想、理念を具体化するための素材の性質を知ることを学ぶ。しかし思想や理念そのものは、素材から吸収することができない。このようにして、地上世界は、創造の場であると同時に、学習の場でもある。「霊界」では、この学習の成果が、霊の活発な能力に変化させられる。

問題を明らかにするために、上述の比較をもっと続けてみよう。建築家は家の設計を完成する。この設計が施工に移される間に、彼はありとあらゆる経験をする。この経験のすべては、彼の能力を高める。彼が次の設計を行うとき、この経験のすべてが生かされる。だからこの第二の設計は、第一のものに較べると、施工時に習得したすべての点について、経験の豊かさを示している。

同様のことが、転生を繰り返す人生の経過についてもいえる。死から次の生に至る間、霊は自己固有の領域に生きている。そしてその間は、霊的生活の中にまったく没頭することができる。霊は体的本性から解放されて、今やあらゆる方向へ向けて自己を形成し、そして生前の地上の経験の諸成果を、この形成の中に取り込む。だから死後の霊は、常に眼差しを、ふたたび課題を果すべき舞台である地上に向けており、自分の活動場所としての地球の必然的な発展過程をどこまでも追い続ける。霊は、自分がこの世に生をうける度に、その時点での地球上の変化に応じて尽力できるように、心掛ける。

以上はもちろん、人間の転生についてのひとつの一般的な観念に過ぎない。そして現実とこの観念とは決して完全にではなく、多かれ少なかれ一致するに過ぎない。事情によっては、或る人生が前世のときよりも、ずっと不完全にならざるをえない場合が起りうる。しかし全体としては、転生を続けていく間に、このような不規則な事態は、一定の範囲内で、ふたたび調整される。

「霊界」における人間の霊の成熟は、そこでの諸領域の事情に通じることによって達成される。人間の霊固有のいとなみは、自分にふさわしい仕方で、諸領域での経験を重ねていく間に、この諸領域のいとなみと融合する。人間の霊は、その都度、それらの領域のそれぞれの性質を身につける。その結果、これらの領域の本質が、人間の霊の本質の中に浸透するから、人間の霊の本質は、これらの領域の本質によって強化され、地上で活躍できるようになるのである。

「霊界」の第一領域における人間は、地上の事物の霊的原像にとりまかれている。この世の生活においては、思考内容として捉えたこれらの原像の影だけを、人間は知ることができた。地上では単に考えられるだけのものが、この領域では体験されるものとなる。この領域で、人間は思考内容の中を遍歴する。しかしその思考内容というのは、現実の生きた存在なのである。地上生活においては感覚で知覚されたものも、今や思考内容の形式をとって、彼に働きかけてくる。しかもその思考内容は、事物の背後にかくれた影として現れるのではなく、事物を産み出す生命に満ちた現実そのものなのである。人間はいわば、その中で地上の事物が形成される思想工房の中にいる。なぜなら「霊界」では、すべてが生命に満ちた営為であり、活動であるからである。ここでは思想界が、創造し、形成する生きた存在の世界として、活動している。人は、地上で体験したものが如何にして形成されるのかを、見る。肉体をもった人間が感覚的事物を現実として体験するように、今、霊となった人間は、霊の形成する諸力を現実として体験する。

霊界における思考存在の中には、彼自身の肉体的本性の思考内容もまた存在する。人はこの肉体的本性から離れている自分を感じる。霊的存在だけが自分に属すると、感じられる。そして自分の遺体を、もはや物質としてではなく、記憶の中でのように、思考存在として見るとき、その遺体は明らかにすでに外界に属するものとして眼の前に現れる。かつての自分の肉体を、外界の一部分として、外界に属する或る物として、考察することを学ぶ。もはや、自分の体的本性を、自分の自我に親和した外界の他の事物から区別しようとはしなくなる。外界全体の中に、自分の身体をも含めて、ひとつの統一性を感じるようになる。自分の身体も、周囲の世界とひとつに融合している。

このように、物質的、身体的現実の諸原像を、みずからもそれに属していた統一体として観ることによって、人は環境と自分との親和と統一を次第に学びとる。人は自分に向って、「今ここでお前の周りに拡がっているものは、かつてはお前自身であったのだ」、ということを学ぶ。

しかし、こう言うとき、それは古代インドのヴェーダーンタの叡智の根本思想のひとつを語ったことになる。「賢者」はすでにこの世の生活の中で、他の者が死後体験することを、すなわち自分自身が一切万物と同質のものだという思想を、「これは汝に他ならない」という思想を、自分のものにしていた。この思想は、地上生活においては、思考生活の努力目標であるが、「霊たちの世界」においては、霊的経験を通して、ますます明瞭になるひとつの直接的事実なのである。

そして人間自身、自分が本質的にこの霊界に属していることを、この霊界の中でますます意識するようになる。自分が霊たちの中の霊であり、原霊たちの一分肢であることを知覚し、そして「私は原霊である」という原霊の言葉を実感するようになる。ヴェーダーンタの叡智がいう「私はブラフマンである」は、私は、そこからすべての存在が生じる原存在に属する一分肢である、という意味なのである。

地上生活において影のような思想として把握されていたもの、すべての叡智の目標であったものが、「霊界」においては、直接体験される。というよりも、霊界の生活の中でのひとつの事実であるからこそ、それが地上生活の中で思考されるのである。

このように、人間は霊界に生きるとき、地上生活におけるときの状況と事実とを、高次の立場から、いわば外から、観る。その際、「霊界」の最下位の領域にいる人間は、物質的、身体的な現実と直接係わるような仕方で、地上の状況と向き合っている。

人間はこの世で、家族、民族の一員としての生をうけ、きまった土地で生活する。このようなすべての事情に、人間の地上生活は規定されている。この世の状況が命じるままに、友達が選ばれ、特定の職業に従事する。これらすべてによって、人間の生活状況が規定される。さて、これらすべては、「霊界」の最初の領域での生活の中で、生きた思考存在として立ち現れてくる。人間はこれらすべてを、一定の仕方で、もう一度、活動する霊の側面から体験しなおすのである。

彼の抱いた家庭愛や友情は、彼の中で内側から甦り、彼の諸能力がこの方向において強められる。家庭愛や友情の力として人間精神の内に働くものが強められる。彼はこの点において、その後より完全な人間としてふたたび地上に生れ変る。

「霊界」のこの最下位の領域内で成果として実るものは、地上生活上のいわば日常的状況である。そしてこの日常的状況にもっぱら没頭してきた霊的部分は、死から再生に至る霊界生活の主要期間中、この領域に親近感を持ち続けるであろう。

この世でともに生きてきた人びととは、霊界でも再会する。肉体と結びついたすべてが魂から離れ落ちるように、地上生活において魂と魂とを結びつけていた絆も、物質界でのみ意味や効力をもっている諸制約から解放される。しかし死後、霊界の中においても、地上生活での魂と魂との係わりはすべて存続し続ける。物質的状況を表現する言葉は、霊界に生じる事柄を不正確にしか表現することができないが、しかしこのことを前提とした上で、地上で一緒に暮した魂同士は、霊界で再会し、かつての共同生活を霊界に相応した仕方で継続するということは、まったく正しいであろう。

第二の領域は、地上での共通の生命が思考存在として、いわば「霊界」の液体成分として流れている場所である。肉体をもった人間が世界を観察する場合、生命は個々の生物と結びついた仕方で現象する。霊界ではしかし、生命は個々の生物から分離され、生命の血として、いわば霊界全体を循環する。それは霊界の一切の中に存在するところの、生ある統一体となっている。この世での生命は、ただその残照だけが人間に現象し、世界の全体、統一、調和に対して人間が抱くあらゆる形式の畏敬として現れていた。人間の宗教生活は、この残照に由来するのである。生存の包括的意味が、無常なものの中や個々の事物の中にあるのではない、ということを人間は知る。人間は無常なものを永遠なる調和的統一の「比喩」と模像として考察する。人間はこの統一を、畏敬と崇拝との中で仰ぎ見、この統一のために宗教的祭祀を行う。

「霊界」では、残照ではなく、生きた思考存在として、その現実の形姿が現れる。人間はここでは、地上で崇拝の対象だった統一性と本当にひとつになることができる。宗教生活やそれと関連したすべての事柄の成果が、この領域の中に現れてくる。人間は自分の霊的経験から、個人の運命と個人の属する共同体とを区別すべきでない、と認識する。自分を全体の一員として認識する能力は、この領域で形成される。宗教的な諸感情、高貴な道徳を求める純粋な努力のすべては、霊界における中間状態の大半の時期に、力づけをこの領域から受けとるであろう。そして能力を向上させつつ、この方向に沿って、ふたたび人間は、この世に生を受けるであろう。

人は第一の領域では、生前この世の絆によって身近な縁を結んでいた魂たちとともにいるが、第二の領域では、同じ崇拝対象、同じ信条等によってひとつに結ばれていると感じられたすべての魂たちの領域に入る。ここで強調しておかねばならないが、すでに通過した領域の霊的体験は、それに続く領域の中でも存続し続ける。だから人は、家族、友人等によって結ばれた絆から、第二、第三の領域の生活に入ったあとでも、決して切り離されることはない。

また「霊界」の諸領域は、「仕切られた部屋」のように、互にはっきり区別されているのではない。諸領域は互に浸透し合っている。そして人は、新しい領域の中へ何らかの仕方で外から「入って」いったからではなく、以前には知覚できなかったものを知覚する内的能力を獲得したからこそ、その新しい領域での体験をもつのである。

「霊界」の第三領域は、魂界の原像を含んでいる。魂界に存在する一切が、この第三領域の中で、生きた思考存在として現れている。欲望、願望、感情等の原像がここに見出される。しかし霊界のこの領域では、如何なる種類の利己的欲求も、その魂には付着していない。第二領域での一切の生命と同じように、この第三領域でも、すべての欲望と願望、すべての快と不快は、ひとつの統一を形成している。他人の欲望、願望と自分の欲望、願望とは区別されない。大気が地球をとりまいているように、すべての存在の感情と情緒は、一切を包含するひとつの共通世界なのである。

この領域は「霊界」のいわば大気である。ここでは、人が地上で社会のため、隣人のために、没我的態度で奉仕したときの一切の行為が、実を結ぶのである。なぜなら、このような奉仕によって、人はすでにこの世で「霊界」の第三領域の残照の中に生きていたからである。人類の偉大な慈善家、献身的人物、共同体に大きな奉仕を為した人物は、かつて前世において、この領域と特別の親和関係を作ったのちに、この領域でこのような行為のための能力を獲得した人びとなのである。

以上に述べた「霊界」の三領域が、霊界の下に立つ物質界と魂界とに対して、特定の関係をもっていることは明瞭である。なぜなら、この二つの世界の中で身体をもち、魂をもっているものの原像である、生きた思考存在が、この三領域に存在しているからである。「純粋の霊界」は、第四の領域とともに始まる。しかしこの領域も、まだ完全な意味でそうなのではない。第四領域が下位の三領域と区別されるのは、これらの三領域で出会うのが、人間自身が物質界と魂界に積極的に働きかける以前に存在している物質的、魂的諸状況の原像だからである。

日常の生活状況は、人がはじめからこの世に見出す事物や生物と結びついている。このような世界の無常の事物が、人間の眼を永遠の世界根拠へ向けさせるのである。

人間が心からの愛情を捧げる親や兄弟たちもまた、当の人間の働きかけの結果存在しているのではないけれども、芸術、科学、技術、国家等々、つまり人間精神の独自の所産として世界に組み入れられたものはすべて、人間の働きかけの結果この世に存在している。世界に対する人間の働きかけなしには、人間精神のこのような物質的模像は、世界の中に存在しなかったであろう。そしてこのような純人間的創造物の原像が、「霊界」の第四領域に見出せるのである。

この世で獲得した科学の成果、芸術の着想と形式、技術の思想は、この第四領域でその成果を実らせている。それ故、芸術家、学者、大発明家は、「霊界」に滞在している間に、彼らの創造衝動をこの領域から受けとり、彼らの天分を高めたからこそ、ふたたび地上に生を受けたときに、人類文化の発展に一層寄与できるようになったのである。「霊界」のこの第四領域が、特に優れた人物にしか意味をもたぬ、と考える必要はない。すべての人間にとって意味をもっている。地上の生活中に、日常的な願望の領分を超えて人間が努力したものはすべて、その源泉をこの領域にもっている。もし人が死から再生に至る間にこの領域を通過しなかったとすれば、その後はもはや狭い個人的な生活空間を超えて、普遍的＝人間的なものへ向おうとする興味をもたなくなるであろう。

この領域が完全な意味で「純粋の霊界」と呼ぶことができないということは、すでに述べた。なぜそうなのかといえば、人がかつて生きていた時代の文化状況が、死後この領域にいる彼の霊にも影響し続けるからである。「霊界」のこの領域においては、自分の素質に従い、また自分の属する民族、国家等の水準に従って果し得た業績の成果だけが享受されるのである。

「霊界」のもっと高次の諸領域における人間の霊は、どのような地上的束縛からも自由である。人間の霊は、この「純粋の霊界」にまで高まると、霊界が地上の生活のために立てた目標や意図の真の意味を体験することができる。地上においてすでに実現されているものは、どんなものも、最高の目標や意図の、多かれ少なかれ無力な模造品であるに過ぎない。結晶体、樹木、動物のどれ程驚嘆すべき形態も、そして人間精神のどれ程見事な作品も、すべては霊が意図しているものの模造品でしかない。そして人間は繰り返しこの世に生れてきては、完全な意図や目標のこの不完全な模造品と係わり合う。人間自身もまた、さまざまの転生のどれかひとつの中では、その都度霊界で意図してきたものの不完全な模造でしかありえない。「霊界」における霊としての本来の人間の姿は、死と新生の中間状態にある人間が「霊界」の第五領域にまで上昇したとき、はじめて現れる。この領域での人間こそが、本来の人間なのである。それは、輪廻転生を重ねつつ、その都度、身体存在となって現れる自我の真の姿である。

第五領域における人間のこの真我は、あらゆる方向に向って思う存分自由に生きている。

常に新たにこの世に出生してくる自我は、この真我のひとつの現れである。自我は、生れる度に必ず、「霊界」の下位の諸領域で獲得した能力を伴って現れ、それによって、前世で得た成果を次の人生の中へ持ち込む。自我はこれまでの転生の諸成果の担い手なのである。

したがって「霊界」の第五領域を生きる真我は、意図と目標の王国にいる。建築家が作業現場で明らかになった欠陥箇所に教えられ、次の仕事では、その不完全な箇所を完全なものに変えて設計することができるであろうように、第五領域の真我は、これまでの地上生活の諸成果のうち物質界と魂界の不完全さと結びついている部分を取り除き、今生きている「霊界」の意図を、これまでの地上生活の諸成果でもって一層成熟させる。

明らかに、この領域から汲み取れる力は、真我が意図の世界の中に持ち込むにふさわしい成果を、生前の自我がどれ程獲得することができたかによってきまる。生前、自我が活発な思想生活、洞察を伴った博愛行為によって、霊の意図を実現しようと努めていたとすれば、真我は、この領域から多くを得る権利を有しているといえるだろう。日常的状況の中にまったく埋没して、ただ無常の事物の中でしか生きてこなかった自我は、永遠の宇宙秩序の意図にふさわしい役割を果すことのできるような種子を播かなかった。ただ日常の利害関係を超えて生きた少数の自我だけが、地上で播いた種子を「霊界」の上位の諸領域の中で実らせることができる。「地上の名声」を得ることが大事だというのではない。そうではなく、狭い生活空間の中の一つひとつの小さな事柄に、生命の永遠の生成発展にとっての意味を見出すことが、まさに問題なのである。

この領域では、この世の生活の場合と評価の規準が異なっていることをよく理解していなければならない。たとえばこの第五領域と同質の霊性を、わずかしか獲得しなかった人間には、来世の運命（カルマ）の中に、この欠陥に応じた結果が現れるように生きようとする衝動が生じる。その結果、次の人生においては、苦しみの多い生活が与えられる。そのときになって、それが当人にとってどれ程深い苦悩の対象となるにしても、「霊界」のこの領域にいたときには、それこそ自分にとってまったく必要な運命なのだ、と感じていたのである。

第五領域の人間は、本来の真我として生きているので、この世に生きていたときに自分を包んでいた低次の世界の成分のすべてから脱却している。彼は輪廻転生を通じて、常に同一の存在だったし、これからも常に同一の存在であり続けるだろう。彼は、自分が地上生活のために自我の中に組み込んだ意図に従って生きている。彼は自分の過去を回顧して、これまで体験してきたことが、未来に実現されるべき意図の中に、すべて取り入れられるであろうと感じる。これまでの人生に対する一種の記憶と、これからの人生に対する予見的展望とが一瞬にして明らかになる。

本書で「霊我」と名づけられたものは、この領域に生きているのである——それぞれの発展段階に応じた、それぞれにふさわしい仕方で。そのようにして霊我は成熟し、そして新しい人生において霊的意図を地上の現実の中で遂行するための準備をするのである。「霊界」の諸領域に滞在する「霊我」は、自分が霊界を完全に自由に移動できるまでに成長したとき、真の故郷をますますこの霊界に求めるだろう。霊的生活は、地上の人間にとっての物質的な現実生活がそうであるように、霊我にとって熟知したものとなるだろう。霊界の観点は、そのときから、意識的にせよ、無意識的にせよ、多かれ少なかれ、その後の地上生活の規準的観点となる。自我が自分を神的宇宙秩序の一分肢と感じるようになれば、もはや地上の制約と法則とが、自我の内奥の本性を侵すことはなくなるだろう。自我が活動するための力は、すべて霊界から来るようになる。しかも霊界はひとつの統一体だから、霊界に生きる人は、永遠なものがどのようにして過去に創造を行ったかを知っている。そしてこの永遠なものを規準にして、自分の未来の方向を決定することができる。

過去への眼は、どこまでも拡大される。この段階に到達した人は、来世において遂行すべき目標をみずから設定する。彼は自分の未来に影響を与えて、未来が霊的意味において真実の道を歩めるようにする。このような人は、死と新生の中間状態で、神的叡智を直接見ることのできる崇高な神霊たちすべての面前に立っている。彼はこれらの崇高な霊たちをさえ理解できる段階に達したのである。

「霊界」の第六領域の人間は、すべての行為を宇宙の真実在にもっとも適った仕方で遂行するであろう。なぜなら、彼は自分のためになるものをではなく、宇宙秩序に則って生起すべきものを求めるのだから。

「霊界」の第七領域は、人間を「三つの世界」の果てにまで導く。人間はこの領域で、さらに一層高次の世界から上述してきた三つの世界の中へ、宇宙的使命の達成のために移植された「生命核」たちに向き合う。こうして三つの世界の果てに立つ人間は、それとともに自分自身の生命核を認識する。この結果、三つの世界の謎が解決され、彼はこれらの世界のすべてのいとなみを見通す。この世の通常の生活状況の中では、霊界でこの体験をすることができた魂の諸能力は意識されずにいる。これらの能力は、無意識の深みの中で、物質界の意識を成立させる肉体の諸器官に働きかけている。なぜこれらの能力が、この物質界においては知覚されぬものとなっているのか。その理由は、まさにここにある。

眼もまた自分が見えない。なぜなら、眼の中には他のものを可視的にする諸力が働いているからである。出生から死までの人生が、どの程度まで前世の成果を示しているかを理解しようと思うなら、地上生活そのものに内在する観点が——もちろんはじめは誰でも、この観点に立たざるをえないのだが——この理解を不可能にしているということを、知らねばならない。たとえば、なぜ地上の生活が苦しみに充ちた、不完全なものなのかを、この観点は理解することができないだろう。けれども、地上生活の外に立つ観点なら、まさに地上生活のこのような相こそ、その苦しみと不完全さこそ、以前の諸人生の結果なのだ、ということを明らかに理解するだろう。

本書の最後の章に述べられている意味での認識の小道を歩むことによって、魂は肉体生活の諸条件から解放される。それによって魂は、死と新生の間で体験される事柄を像として知覚することができる。このような知覚が、本書で素描されたような「霊界」の諸事象の記述を可能にしてくれたのである。魂の在り方の全体は、肉体に宿るときと、純粋な霊的な体験におけるときとでは、異なっている。このことを忘れたら、本書の記述を正しい光の下に見ることはできないであろう。

五　物質界、並びに魂界、霊界とこの物質界との結びつき

魂界や霊界の構成体は、外的な感覚的知覚の対象となることができない。感覚的知覚の対象は、魂界、霊界以外の第三の世界と見做されねばならない。人間は、体的存在であるときにも、この三つの世界の中を同時に生きて、感覚的世界の事物を知覚し、この事物に働きかける。魂界の構成体は、共感と反感の力を通して人間に影響し、そして人間自身の魂も、愛着と反発、願望と欲望を通して、魂界の中に波紋を投げかける。一方、事物の霊的本性は人間の思考世界の中に自己を映し出しており、人間自身も思考する霊的存在として、霊界の市民であり、霊界領域に生きるすべてのものの仲間だといえる。

このことから明らかなように、感覚的世界は人間をとりまくものの一部分であるに過ぎない。人間の全体的環境のうち、この部分だけが独立しているように見えるのは、この部分だけが感覚によって知覚されるのに、同様にこの環境を構成している魂的、霊的部分の方は知覚されずに残されているからに他ならない。

水面に浮ぶ氷塊が周囲の水と同じ素材でできておりながら、特定の性質によって水から独立しているように、感覚的事物もその周囲の魂界、霊界と同じ素材からできておりなが

ら、ただ感覚的に知覚される特定の性質によって、これらから独立しているだけなのである。比喩的に語れば、感覚的事物とは濃縮された魂的、霊的存在なのであって、この濃縮の結果、感覚がそれを知覚することができるようになったのである。事実、氷が水の一存在形式に過ぎないように、感覚的事物は魂的、霊的構成体の一存在形式に過ぎない。このことを理解したなら、水が氷に転化するように、霊界が魂界に、そしてこの両世界が感覚世界に転化する可能性をも受け容れることができるだろう。

なぜ人間が感覚的事物について思考することができるのかも、この観点から明らかになる。思考する者なら誰でも、石についての思考内容とこの石そのものとはどのような関係にあるのか、という疑問を抱かざるをえないだろう。しかし霊眼をもって外なる自然の内部まで深く洞察することができるなら、この疑問はおのずと解消される。なぜなら、そのときは、人間の思考世界と自然の構造との調和が直観されるからである。たとえば偉大な天文学者ケプラーは、この調和を美しく語っている。「まことに、人間に天文学を学ぶように命じる神の呼び声が、宇宙の中に記されている。言葉や文字で書かれてはいなくとも、人間の概念と感覚が天体と天体の位置との関連を知るのにまさに適しているという事実そのものを通して。」

感覚的世界の諸事物が濃縮された霊的本性たちに他ならないからこそ、思考内容を通してこれらの霊的本性にまで達する人間は、思考しつつ事物を理解することができるのである。

感覚的事物は霊界から生じたものであり、霊的本性の別形式に過ぎない。そして人間が事物についての思考内容を作るということは、人間の内面がこの事物の感覚的形式からその霊的原像へ向きを変えたということに過ぎないのである。思考を通して事物を理解する作業は、固体をまず火にかけて液体に変え、化学分析できるようにする作業に比較することができよう。

感覚的世界の霊的原像は、霊界のさまざまの領域（一三六頁以下参照）に現れる。これらの原像は、第五、第六、第七領域では、まだ生きた胚種として存在するだけだが、下位の四領域では、霊的構成体にまで自己を形成する。思考によって感覚的事物を理解する人間の霊は、このような霊的構成体の影像を知覚するのである。

この構成体がどのようにして感覚的世界にまで自己を濃縮させたのかは、外界を霊的に理解しようとする者にとって、重要な問題である。

外界は、人間の感覚的な観点に立つと、まず四つの段階にはっきり分けられる。鉱物的、植物的、動物的、人間的段階である。鉱物界は、感覚によって知覚され、思考によって理解される。鉱物について思考する人は、二重の存在に、すなわち感覚的事物であり、思考内容であるものに係わっている。したがって、感覚的事物を濃縮された思考存在として捉えることが必要なのである。この鉱物的存在は、他のものに対して、外的な仕方で作用する。他のものにぶつかり、それを動かす。あるいはそれを熱し、それに光をあて、それを溶解する等々。このような外的な作用の仕方は、思考内容として表現されることができる。どのようにして鉱物が、外的法則に従って、相互に作用し合うかについて、人は思考内容を作る。個々の思考内容が集められ、鉱物界全体を思考の対象にすることができたとき、この思考像は、鉱物的な感覚世界全体の原像の影であるということができる。それはひとつの全体として霊界の中に見出される。

植物界においては、事物が事物に加える外的作用の他に、なお生長と繁殖という現象がつけ加わる。植物は自分を育て、自分の中から自分と同じような存在を生み出す。つまり人間が鉱物界で出会うものの他に、なお生命がつけ加わる。この事実を素直に考えるなら、ひとつの展望がひらける。植物は、自分自身に生きた形態を与えるだけでなく、自分が生み出した存在をも同じ生きた形態にする力を内包している。鉱物界のガスや流動体のように、特定の形態をもたぬものと植物のこの生きた形態との中間には、結晶体が存在している。われわれは結晶体の中に、特定の形態をもたぬ鉱物界から植物界の生きた形成能力への転化の過程を見なければならない。

このように、外から眼に見える経過として現れる鉱物界や植物界の形成は、霊界の上位の三領域の霊芽が、下位の諸領域の霊姿にまで形成されていく純霊的な経過の、感覚的な濃縮化である。結晶化の過程に対応する霊界の原像は、形態をもたぬ霊芽が残りなく霊姿に転化される過程である。この経過が濃縮され、感覚がその結果を知覚できるまでになると、そこに感覚世界における鉱物の結晶体が現れるのである。

同様に植物のいとなみの中にも、形態化された霊芽が存在するが、しかしその形姿の中には、依然として生きた形成能力が残されているのである。

結晶体の場合、霊芽はその結晶化の過程の中で、形成能力を失ってしまった。霊芽は形態化の過程で、その生命を消尽した。しかし植物は、形態をもつだけでなく、その上になお形成能力をもっている。霊界の上位の諸領域における霊芽の性質が、植物のいとなみの中に保持され続けている。したがって、植物は、結晶体のような形態であり、その上になお形成力でもある。原存在（霊芽）がとった植物形態という形式の他に、上位の領域の特徴をそのまま保っているもうひとつの生産的形式が、この形態に働きかけ続けているのだ。

しかし、出来上がった形態の中に生命を消尽してしまった植物の姿だけが、感覚的に知覚できる。この形態に生命力を与える、形成する本性たちの方は、植物の内部で、感覚的には知覚できぬような仕方で、存在し続けている。

或る日、小さな百合の花を見、その後しばらくして、もっと大きくなった同じ花を見たとしても、肉眼ははじめの花を後の方の花に変化させた形成力を見ることはない。この形成力の本性たちは、植物界の中で、不可視的に働く部分である。霊芽は、形態界で作用するために、一段階下へ降りた。霊学でいう「元素界」がここで問題になる。まだ形態をもたぬ原形式を第一元素界と呼ぶなら、植物生長の工匠として働く、眼に見えぬ力の本性たちは第二元素界に属する。

動物界では、成長と繁殖の能力の他に、感覚と衝動とがさらに加わる。感覚と衝動は魂界の表現である。これらをもつ存在は魂界に属し、魂界から印象を受けとったり、魂界へ働きかけたりする。

動物に現れる感覚や衝動はすべて、動物の魂の奥底から引き出されてくる。形態は感覚や衝動よりも、もっと持続的である。変化する植物形態と、固定した結晶形式との関係は、感覚生活と、より持続的な生命形態の関係に相応しているといえるだろう。植物は形態を形成する力の中に、いわば埋没している。植物は生長を続ける限り、常に新しい形態をつけ加える。はじめ根を張り、葉を拡げ、花を咲かせる。動物は自己完結的な形態を作り上げ、その形態の中で、変りやすい感覚生活と衝動生活とをいとなむ。そしてこの生活は魂界の中にその存在の根拠をもつ。植物が生長し繁殖する存在であるとすれば、動物は感覚をもち、衝動につき動かされる存在である。動物の衝動は、没形象的に、常に新しい形式をとって発展する。衝動の原像は、霊界の高次の諸領域の中に存在するが、しかしその活動は魂界の中で行われる。

このように、動物界には、成長と繁殖を司る不可視的な力の本性たちの他に、これよりもさらに一段低い魂界にまで降りた別の本性たちが加わっている。それは動物界に感覚と衝動を作り出す工匠であり、魂の衣裳をまとった、形態をもたぬ本性たちである。この本性たちこそ、動物的存在形式の本来の形成者なのである。この本性たちが属する領域は、霊学では、第三元素界と呼ばれる。

人間は、植物と動物がもっている能力以外に、感覚内容を再現して思考内容に作りかえ、衝動を思考の力で統禦する能力を身につけている。

植物の場合、形態として現れ、動物の場合、魂の力として現れる思考内容が、人間の場合、思考内容そのものとして、その本来の形式において現れる。

動物の本質は魂にあり、人間の本質は霊にある。人間の場合、霊的本性がさらにもう一段低いところにまで降りてきている。動物の場合、この霊的本性は魂を形成する。人間の場合、感覚的素材の世界そのものの中にまで入ってきている。霊は人間の感覚体の中に顕在している。

ただその霊は、感覚的衣裳をまとっているために、思考内容が霊的存在を表現するときの、あの影絵のような反照としてしか顕現することができない。ただ肉体の脳組織の諸条件のもとでのみ、霊は人間の中に現象する。

しかしその代り、霊は人間の内的本性ともなった。思考内容は、あの形態をもたぬ霊的本性が植物においては形態となり、動物においては魂となったように、人間においてとった形式なのである。したがって人間は、思考する存在である限り、自分に働きかけ、自分を育成する元素界を、自分以外のどこにももたない。

人間の元素界は、その肉体の中で働いている。人間が形態であり、感覚する存在である限りは、植物や動物の中で働いているのと同じ種類の元素霊たちが、人間の中にも働いている。しかし人間における思考の器官は、まったく人間の肉体の内部から作り出される。人間の霊的器官として、完全な脳にまで形成された人間の神経系は、植物や動物の場合、非感覚的に働いている力の本性が、可視的となって働いている姿なのである。だからこそ、動物が自己感情を示すのに対して、人間はなおその上に、自己意識をも示すのである。

動物の場合、霊は自分を魂と感じるが、まだ自分を霊としては把握しない。人間の場合、霊は自分を霊として認識する——たとえその霊が、肉体という制約によって、霊の影像である思考内容としての霊であるにすぎないとしても。

この意味で三重の世界は、次のように区分される。一、没形象的な原像的存在界（第一元素界）、二、形態を創造する存在界（第二元素界）、三、魂的存在界（第三元素界）、四、創造された形態界（結晶形態）、五、感覚的に知覚できる形態とこの形態を創造する存在とがともに働く領界（植物界）、六、感覚的に知覚できる形態とこの形態を創造する本性たちとの他に、魂的生活をいとなむ本性たちの働く領界（動物界）、七、感覚的に知覚できる形態とこの形態を創造する本性たちと魂的生活をいとなむ本性たちの他に、霊そのものが、思考内容という形式をとって感覚界に現れる領界（人間界）。

このことから明らかなように、体的存在として生きる人間の基本的構成部分は、霊界と関連しているのである。

肉体、エーテル体、感覚的魂体、悟性魂は、霊的原像が感覚界の中に濃縮されたものであるということができる。肉体は人間の原像が感覚的現象にまで濃縮されることによって出現する。だから肉体を、感覚界で可視的になるまでに濃縮された、第一元素界の本性である、ともいうことができる。

エーテル体が生じるのは、このようにして生じた形態が、感覚界に働きかける非感覚的、不可視的本性によって、生きいきと保たれていることによる。この非感覚的な本性の特質を完全に記そうとするなら、その根源が霊界の最上位の諸領域にあり、その第二領域の中で生命の原像に形成され、そのような原像として感覚界で作用している、という点がまず述べられねばならない。

感覚する魂体（アストラル体）を構築する本性も、同様に、その根源を霊界の最上位にもち、その第三領域で魂界の原像にまで形成され、そのような原像として感覚界で作用している。

しかし悟性魂は、思考する人間の原像が霊界の第四領域で思考内容に形成され、直接思考する人間本性となって感覚界で作用することによって、生じる。

このような仕方で、人間は感覚界内に立っており、このような仕方で、霊は人間の肉体、エーテル体並びに感覚する魂体に働きかけている。このような仕方で、この霊は悟性魂の中に現出する。

だから、人間の三つの下位部分（肉体、エーテル体、アストラル体）における原像たちは、ある意味では人間と外的に向かい立つ本性として、人間に協力している。そして悟性魂においては、人間自身が自分に対する（意識的な）作用者になる。

そして人間の肉体に働きかける本性たちは、鉱物界を形成する本性たちと同一である。人間のエーテル体に働きかける本性たちは、植物界に生きる本性たちと同一であり、感覚する魂体に働きかける本性たちは、動物界で感覚的には知覚できぬ仕方で生きながら、その作用を鉱物界、植物界、動物界にまで及ぼす本性たちと同一である。

このような仕方で、さまざまな世界がともに働いている。人間の生きる世界は、この共同作用の表現なのである。

＊　＊

感覚的世界をこのように把握した人は、上述した四つの自然界の存在以外の霊的本性たちについても、理解をもつことができるであろう。このような本性たちの一例は、民族霊（民族精神）である。民族霊は感覚的な仕方で直接現象することはしないで、感性、感情、傾向等々、民族に共通の部分として生きている。それは肉体的形姿をとって現れる本性なのではなく、自分の体を魂界の素材による魂体として形成する本性なのである。民族霊のこの魂体は、雲のように、民族の成員一人ひとりを包んでいる。そして一人ひとりの魂には、この魂体の雲の影響が現れているが、この雲は一人ひとりの魂そのものから生み出されたのではない。このように見ていかなければ、民族霊は本質と生命を欠く図式的観念像となり、空虚な抽象物となってしまうであろう。

時代霊（時代精神）についても、同じことがいえる。人間の周囲に生きているその他の高級、低級さまざまの、多様な、眼に見えぬ本性たちについても、このような見方によってはじめて、霊的な展望が開けてくる。直接霊視する能力のある人なら、これらの存在を知覚し、描写することができる。見霊者が、サラマンダー（火の精）、シルフ（風の精）、ウンディーネ（水の精）、グノーム（地の精）として描いているものはすべて、このような低級な種類の本性たちである。

いうまでもなく、そのような呼び名は、その基礎にある現実の模像を示しているのではない。もし模像に過ぎなかったら、それによって意味されている世界は、霊的世界ではなく、粗雑な感覚的世界になってしまうだろう。これらの呼び名は、まさに比喩によってしか表現できない霊的現実を明らかにしようとしているのである。感覚的現実だけを認めようとする人が、これらの本性たちを、混乱した幻想と迷信の産物と見做すことは当然である。それらが感覚的に知覚できる体をもっていないのだから、肉眼で見ることは、当然できない。迷信とは、これらの存在を現実にあるものと見做すことなのではなく、それらが感覚的に現象すると信じることなのである。

このような形態の本性たちが、宇宙の建造に参加している。肉体的感覚にとって閉ざされた高次の領域に踏み入る人は、ただちにこれらの存在と出会う。このような呼び名の中に霊的現実の像を見る人が迷信家なのではなく、その像が感覚的に実在していると信じる人や、その像の感覚的実在を否定せねばならぬと信じるあまり、霊をも否定する人が迷信家なのである。

魂界にまで下降せず、その外皮が霊界の素材だけで織られているような本性たちについても述べる必要がある。霊眼と霊耳を開いた人は、それらの存在を知覚し、それらの仲間になる。

霊眼と霊耳を開くと、それまではただ何もわからず、その前に呆然と立つことしかできなかったような多くのことが、理解できるようになる。周囲が明るく輝く。感覚的世界の中に結果として生じるものの原因が理解できるようになる。霊眼なしにはまったく否定するしかないような、または「この世界には、君たちの学校の知恵が夢見るよりも、もっと多くの事柄がある」という言い方で満足するしかないような、そういう事柄が、具体的に把握できる。

霊的感受性の鋭い人が、自分の周囲に感覚的世界とは異なる世界を予感したり、おぼろげに知覚したりするときは、不安に駆り立てられ、盲人のようにおぼつかなく、手探りで進んでいかねばならない。存在の高次の領域を明瞭に認識し、そこに生じる事柄の中へ理解力をもって入り込むことだけが、人間に本当の確信を与え、その真の使命を自覚させる。感覚に隠されている事柄への洞察を通して、人間は自己の存在を拡大する。その結果、拡大される以前の生活が、まるで「世界について夢を見ていた」としか思えなくなる。

六　思考形態と人間のオーラ

三つの世界の存在形態は、どれをとっても、そのための知覚能力や知覚器官をもたぬ人にとって、現実ではありえない。このことはすでに述べた。健全な視力をもっていない人間は、空間上の或る事象を、光の現象としては知覚しない。現実がどれだけ人間に開示されるかは、その人間の受容能力如何にかかっている。だからといって、自分に知覚できるものだけが現実に存在する、ということは決してできない。知覚器官が欠けているために、知覚できずにいる多くのものが、現実に存在する。

さて、魂界と霊界とは、感覚界同様に、否それよりはるかに高次の意味で、現実に存在する。肉眼が感情や観念を見ることができなくても、これらは現実に存在する。そして人間が外的感覚を通して、物体界を知覚内容にすることができるように、霊的器官を通せば、感情、衝動、本能、思想等々も知覚内容になる。たとえば肉眼が空間上の事象を色彩現象として見ることができるのとまったく同じように、内的感覚は魂的、霊的現象を、色彩現象のような知覚内容にすることができる。

このことがどのような意味でいわれているのかは、次章で述べる認識の小道を通って内的感覚を開発した人だけが、完全に理解するだろう。その人にとっては、彼を取り巻く魂界の現象も、霊界の現象も、超感覚的に可視的となる。他人の感情は、光のように、その人から輝き出ている。注意を向けると、霊的空間を貫き流れている思考内容も見えてくる。相手が自分に対して抱く思考内容も、知覚可能になる。

思考内容そのものは、思考する人の魂の内部にしか生きていない。しかしこの内容は、霊界に作用を及ぼしている。そしてこの作用が、霊眼にとって知覚可能な事象として現れるのである。思考内容は、或る人の本性から発して、他の人の本性の中へ、現実に流れ込んでいく。そしてこの思考内容が他の人の思考内容に作用する仕方は、知覚可能な霊界の事象として体験される。

このように、霊感の開けた人にとって、肉体は人間全体の一部分、魂的、霊的流れの中心に位置した一部分に過ぎない。

「見者」の前に開かれる魂と霊の多様な様相は、次のように暗示されうるだろう。たとえば聞き手によって知的に理解された語り手の思考内容は、霊的に知覚可能な色彩現象として現れる。その色は思考内容の性質に相応している。官能的衝動から出た思考内容は、純粋の認識、高貴な美、永遠の善のために獲得された思考内容とは、異なる色調をもっている。官能的な生活から出た思考内容は、赤い色調で魂界に浸透している。[註]

註　以上の論述から当然生じるであろう誤解を避けるために、この新しい版では補遺を巻末に付して説明に補足が加えてある（二二八頁以下参照）。

思索する人を高次の認識へ引き上げるような思想は、美しい明るい黄色で現れる。帰依の感情に充ちた愛から生じる思考内容は、すばらしい薔薇色に輝いている。思考のこのような内容と並んで、内容そのものの中に見られる明晰さのさまざまの度合も、超感覚的にきまった現れ方を示している。思想家の厳密な思考内容は、はっきり輪郭づけられた形態を示し、混乱した観念は、雲のように模糊とした形態をとって現れる。

そして人間の魂と霊の本性も、人間の存在全体における超感覚的部分として、このような仕方で現れる。

「霊眼」によって知覚されるこの色彩活動が、人間のオーラなのである。それは生きた身体の周囲に輝いており、その身体を卵形をした雲のように包んでいる。オーラの大きさは、人間によってさまざまである。けれども平均して、身長の二倍の長さと四倍の幅をもっていると考えることができる。

オーラには、極めて多彩な色調の流れがある。そしてこの流れは、人間の内面生活を忠実に映し出している。人間の内面生活がそうであるように、オーラの個々の色調もまた、多様な変化を示している。けれども、特定の永続的な性質、つまり才能や慣習や性格は、基本的な色調の中で、変化せずに現れている。

本書の最後の章で述べる「認識の小道」の諸体験に無縁な人は、ここでいう「オーラ」の本性を誤解するかも知れない。ここで「色彩」と述べているものを、肉眼にとって物質的な色彩が存在するのと同じような意味で、魂の前に存在しているかのように考えるかも知れない。しかしもしそうだとすれば、その「魂の色彩」は幻覚《ハルツイナツイオン》以外の何物でもない。霊学は「幻覚」的印象とは無関係なところにある。いずれにせよ、今述べている事柄は、このような印象を問題としているのではない。正しい観念を得るためには、以下の点を忘れてはならないであろう。――魂は物質的色彩の印象を感覚的に体験するだけでなく、この色彩を魂的にも体験する。この魂的な体験は、魂が眼を通して黄色い表面を見るときと、青い表面を見るときとでは、それぞれ異なっている。この体験を「黄色の中に生きる」とか「青色の中に生きる」とかと言うならば、認識の小道を歩きはじめた魂は、他人の活発な魂的体験を前にして、同様の「黄色の中に生きる」体験をもち、帰依する魂の気分を前にして、「青色の中に生きる」体験をもつ。「見者」にとって大切なことは、他人の心の働きを、物質界で「青い色」を見るのと同じように「青い色」として見ることではなく、地上の人間がたとえばカーテンを「青い」ということが正当であるのと同じ意味で「青い」といえるように、他人の心の働きを体験することなのであり、さらにまた、この体験を肉体の拘束を受けぬ体験であると知り、身体器官の手段を用いずに知覚する世界に魂が生きることの価値と意味とを知ることなのである。このことをよく意識しておかなければならないが、いずれにせよ「オーラ」の「青」、「黄」、「緑」等について語るのは、「見者」にとってはまったく自明のことである。

人間の気質や心根《こころね》次第で、オーラは非常に異なってくる。また霊的な進化の度合によっても異なる。動物的衝動にふけっている人は、豊かな思想の中に生きている人とはまったく異なるオーラをもっている。宗教的性質をもった人のオーラは、日常の陳腐な体験の中に埋没している人のオーラから本質的に区別される。これに加えて、一切の気分の変化、一切の好き嫌いや喜び悲しみも、オーラによって表現される。

以上に述べた色調の意味が理解できるには、さまざまな種類の魂の体験を、オーラによって比較する必要がある。激情に駆られた魂の諸体験をまず取り上げてみよう。それらは二つの異なる種類に区別される。そのひとつは、主に動物的衝動から魂が激情に駆り立てられる場合であり、もうひとつは、洗練された形式をとり、いわば慎重な配慮と強い自制の下におかれている場合である。第一の種類の体験の場合は、主として茶と赤黄色の色彩の流れが、あらゆるニュアンスを伴って、オーラの特定の諸部分に流れている。第二の抑制された激情体験の場合、同じ諸部分に一層明るい赤黄色と緑色が現れる。知性が増せば増す程、緑の色調が頻繁に現れるのを認めることができる。非常に賢い人でも、自分の動物的な衝動を満足させることばかり考えていると、オーラは多くの緑色を現しながらも、その緑色が、多かれ少なかれ、茶か赤茶色に染められている。知性に乏しい人のオーラの大半の部分は、赤茶色どころか黒ずんだ血のような色の流れを示している。

沈着で、熟慮に富んだ魂のオーラは、このような激情に駆られた魂のオーラとは本質的に異なる。茶と赤の色調が退き、さまざまのニュアンスをもった緑色が現れてくる。思索に没頭しているときのオーラは、快い緑色の基調を示している。特に、どんな境遇の中でも立派にやっていける、といえるような人物のオーラに、そのような色調が現れている。

青い色調は、畏敬の気持を表している。人間が自分を或る事柄のために役立たせようとすればする程、青い色合いが強くなってくる。この関連においても、二種類のまったく異なった人びとがいる。思考の力を使用することに慣れておらず、「善良な気持」以外の何も世の中の出来事に投入しようとはしない、受け身の人間がいる。彼らのオーラは、美しい青色の微光を放っている。宗教的な帰依の心をもった多くの人々の場合にも、同じことがいえる。同情心の強い魂や、好んでひとつの対象の中にあらゆる好意を注ぎ込む魂も、同じようなオーラをもっている。このような人間が知性も兼ね備えている場合、緑と青の流れが交互に現れるか、またはその青自身が緑の色合いを帯びる。受動的な魂とは反対に、能動的魂の場合、その青色は内部から明るい色調に貫かれている。創意に富んだ人物、内容豊かな思想をもった人物のオーラは、いわば内なる一点から明るい色調が輝き出ている。賢者と呼ばれるような人物や、生産的な着想を豊かにもった人の場合に、このことが非常によく見られる。一般に活発な精神を示すオーラの形態はすべて、内から拡がる輝きを示している。一方、動物的な生活から生ずるすべては、オーラを貫く不規則な雲のような形をとっている。

活発な魂の抱く想念が、自分の動物的衝動に仕えているか、それとも理想的、客観的な関心に仕えているかによって、オーラの形態はさまざまな色合いを示している。創意に充ちた頭脳をもちながら、それをすべて感覚的欲望の満足のために用いている場合、そのオーラは紫がかった暗赤色の色合いを示している。一方、没我的態度で事実に即した思考活動を行う人は、明るい赤味がかった青色の色調を示している。高貴な帰依と犠牲心の上にいとなまれる霊的生活は、薔薇色か明るい紫色を示している。

しかしこのような魂の基調だけでなく、その時々の激情、気分その他の内的体験も、オーラを特定の色で満たす。発作的な激昂は、オーラを赤く染める。突然自尊心を傷つけられて取り乱すのを、人は暗緑色の雲の現れの中に認めることができる。

しかし色は、不規則な雲の形として現れるだけでなく、はっきり輪郭づけられた、規則的な形状をとることもある。恐怖の念に襲われた人の場合には、たとえばオーラの中に上から下まで、波状の青い横縞が見られ、その横縞は青紫色の微光を放っている。期待に充ちて或る出来事を待ち受けている人の場合、内から外へ向けて放射状に赤味がかった青い筋が、オーラを貫いて、絶えず走っているのが見られる。

正しい霊的知覚能力は、人が外から受けるどんな知覚印象をも、すべて認めることができる。外からの印象に敏感な反応を示す人の場合、青味がかった赤い小さな斑点が、オーラの中で絶えず燃え上がっている。生きいきとした感受性をもたぬ人の場合、これらの小さな斑点は橙がかった黄色か、ときには美しい黄色の色合いをもつこともある。いわゆる「注意力の散漫な」人は、多かれ少なかれ形を変えながら、青から緑の方へ色合いを移していく斑点を示している。

「霊眼」を一層発達させると、人間を取り巻いて流動し、放射状に拡散するこの「オーラ」の中に、三種類の色の現れ方を区別できるようになる。第一に、多かれ少なかれ不透明で輝きのない性質の色彩がある。とはいえ、もちろん肉眼で見る色と較べれば、これらの色も軽やかで透明である。しかし、超感覚的世界の中でのこれらの色の満たす空間は、その他の空間に較べれば、不透明なのである。その色彩空間は、霧の集まりのようである。第二の種類の色は、いわば、完全に光と化している。これらの色の満たす空間は、明るさに貫かれている。空間は、これらの色によって光の空間となっている。

第三の種類の色は、これら二種類の色とはまったく異なって、光線を放ち、火花を散らし、きらめきを発するような現れ方をしている。これらの満たす空間は、単に明るく照し出されているだけではなく、空間そのものが輝き、光を放射するのである。これらの色は、活発で動的である。前の二種類の色が静的で、外へ光を投げかけることがないのに対し、この色は絶えず、いわば自分自身から色光を出している。

前の二種類の色によって、空間は静かに同じ状態を維持する、精妙な液体に満たされているようであるが、第三の種類の色によって、空間は決して休もうとはしない。活発で、絶えず内から湧き起ってくる生命に満たされている。

以上三種類の色は、人間のオーラの中で、隣合って並存しているのではない。互に別々な空間を占めて存在するのではなく、多様極まる仕方で、浸透し合っているのである。たとえば鐘の形を見ながら、同時にその響きを聞くこともできるように、オーラの同じ部分に、これら三種類の色が現れるのを、人は同時に見ることができる。このようにしてオーラは非常に複雑な現象となる。いわば三種の入りまじった複合体となって現れる。

しかし、これら三種類のオーラの一つひとつに注意を向けるなら、個々の形態を明らかにすることができる。感覚的世界の中で、たとえば音楽の印象に没頭するために目を閉じるのと同じような事を、超感覚的世界の中でもすることができる。「見者」は、これら三種類の色に対して、三種類の知覚器官をもっている。そして観察を乱さぬ為に、これらの器官のどれかひとつだけを開いて印象を受け入れ、他の器官は閉じておく。或る「見者」の場合、第一の種類の色の器官だけしか開発されていないから、一種類だけのオーラしか見ることができない。他の二種類のオーラは、見えないままの状態にある。同様に別の見者は、第一と第二の種類のオーラだけから印象を受け、第三のものからは印象を受けることができずにいる。

「見霊能力」の高次の段階にある人は、これら三種類のオーラのすべてを見ることができ、しかも交互に注意を向けながら、オーラを観察することができる。

三重のオーラは、人間の本性を超感覚的＝可視的に表現したものである。その中に体、魂、霊の三部分が表現されている。

第一のオーラは、体が人間の魂に及ぼす影響の映像である。第二のオーラは、直接感覚を刺戟するものを超えてはいるが、まだ永遠なるものに向き合ってはいない。魂だけの生活を表現している。第三のオーラは、人間における永遠の霊による無常の人間部分への働きかけを映し出している。以上のように、オーラは、観察し難いだけでなく、なかんずく記述し難い。したがって、このような記述は、示唆以上に出るものではない。

魂の特質は、このように、オーラとなって表現されている。その時々の感覚的衝動や欲望にふけったり、一時的な外的刺戟に我を忘れたりしている魂の場合、その第一の種類のオーラは、非常にけばけばしい色調を示しているし、その第二の種類のオーラは、虚弱な現れ方をし、乏しい色彩しか示さない。そして第三の種類のオーラになると、ほとんど形態らしいものさえ見られない。ただそこここに、感覚的なものによって抑圧されてはいるが、素質としてなお存在し続けている永遠なものが、色彩のきらめく小さな火花として暗示されているだけなのである。

人間が本能的衝動から脱却すればする程、オーラの第一部分の支配力は弱まり、第二部分のオーラがますます増大し、人体を包むその色彩体をますます完全に、その輝く力で満たす。人間が「永遠なものの従者」として生きるようになればなる程、どれ程までに霊界の市民であるかを証明する第三のオーラが、その美しい姿を現す。なぜなら聖なるあの霊我が、人間のオーラのこの部分を通して、地上界に光を投げかけるからである。このようなオーラを示す人は、神霊がそれによってこの世を照らす焔なのだといえる。そのような人は、自分のためにではなく、永遠の真実、高貴な美と善のために、生きる用意ができていること、換言すれば、宇宙の壮大ないとなみの祭壇に自分を捧げる力を、自分の狭い自我の中から取り出す用意のあることを、オーラを通して示している。

このように、オーラは、人間が輪廻転生を通して、自分の中から作り出してきたものの表現なのである。

三つの種類のオーラのすべての中には、多様極まりない色合いが含まれている。しかしこれらの色合いは、人間の進化の程度によって変化する。

赤から青に至るあらゆる色合いの中で、オーラの第一部分は、未発達な衝動生活を表現している。これらの色合いは、くすんだ不透明な性質をもっている。赤色のくどい色合いは、感覚的欲望、肉体的快楽、味覚の楽しみへの欲求をあらわしている。緑の色合いは、鈍感で冷淡な人間にありがちの、あらゆる享楽にふけることには貪欲でありながら、それを満たす努力をいやがる人間の場合に、主として見出される。情熱が何らかの目標を激しく求めながら、それを達成する能力がこれに伴わない場合、茶がかった緑や黄味を帯びた緑がオーラに現れる。現代の或る種の生活態度は、いうまでもなく、まさにこの種のオーラを培養している。

低級な欲望に根ざした個人的な自己感情、つまり利己主義の最低の段階は、不透明な黄から茶に至る色調を示している。とはいえもちろん、動物的な衝動生活もまた、好ましい性質をもつことがありうる。すでに動物界の中に、純粋に本能的で、しかも高度の自己犠牲の能力が見られる。本能的な母性愛において、動物的な衝動はそのもっとも美しく完成した姿を示している。このような没我的本能衝動は、第一種類のオーラの中で、淡紅色から薔薇色に至る色合いとして表現される。明白な事実から目をそむけようとする怯懦な心は、茶がかった青か、灰色がかった青として、オーラに現れる。

第二のオーラも同様に、極めて多様な色合いを示している。誇りや名誉心のような、非常に発達した自我感情は、茶やオレンジ色の構成体となって表現される。好奇心もまた赤黄色の斑点によって表現される。淡黄色は、透徹した思考や知性の反映である。緑は、人生や世間に対する理解の表現である。楽々と知識を吸収する子どもたちは、オーラのこの部分に多くの緑色をもっている。記憶力の良さは、第二のオーラにおける「黄緑色」として現れる。薔薇色は、善意と愛に満ちた性質を示している。青は、敬虔さのしるしである。敬虔が宗教的高揚感に接近すればする程、この青は紫の方へ移る。高度の理想主義に貫かれた真剣な人生態度は、藍色として現れる。

第三のオーラの基本色は、黄と緑と青である。淡黄色は、思考が普遍的な高い理念に充たされ、個々の事柄を神的宇宙秩序の全体から理解するときに現れる。この黄色は、思考が直観的な思考形式をとり、この思考と結びつく感覚的表象がまったく純粋な在り方を示すようになるとき、黄金の輝きをもつようになる。緑色は、あらゆる存在に対する愛を表現している。青色は、あらゆる存在のための没我的な献身能力の現れである。この献身が、世のために奉仕したいという強力な意志にまで高まるとき、この青が薄紫色に澄み透ってくる。高度に発達した魂の質をもちながら、まだ誇りと名誉心という利己主義の最後の残滓が存在しているとき、黄色と並んで、オレンジがかった色合いが現れてくる。

この部分のオーラにおける色彩が、感覚界で見慣れている色合いとまったく異なっているのは当然である。それは、地上の世界では比較できるものが見当らぬくらい、美しく、崇高である。

「オーラを見ること」は、物質界で知覚されうるものの限界を拡大し、それに新しい充実を加える。このことに主要価値をおかぬ者は、「オーラ」のこの表現の真意を正しく理解できない。このような知覚の拡大こそ、感覚的現実以外に霊的現実をも担っている魂本来の在り方を認識させてくれるのである。以上の表現全体は、幻覚的に知覚されたオーラによって、人間の性格や思想を解釈することとはまったく無関係である。それは認識を霊界の方向に拡大しようとする試みなのであり、人間の魂をそのオーラから解釈する疑わしい技法とはいかなる関係をも、もとうとはしていない。

認識の小道

いかなる人も、本書に述べられている霊学的認識内容を、自分で獲得することができる。この著書の論述の仕方は、高次の世界の思考像を提供するために試みられている。みずから見霊能力を獲得するための第一歩は、このような思考像を把握することにあるのだ。なぜなら、人間は思考存在なのであって、思考から出発するときにのみ、自分の歩む認識の小道を自分で見つけ出すことができるからである。人間の理解力に高次の世界の思考像を提供することは、はじめはその像がいわば霊的諸事実についての単なる物語に過ぎず、まだその諸事実を自分の眼で観ているのではないとしても、不毛なことではない。なぜなら、思考内容は、それ自身、力となって作用し続けるからである。この力は理解力に働きかけ、まどろんでいる素質を目覚めさせてくれる。だからそのような思考像に傾倒するのは余計なことだ、という意見は間違っている。そう考える人は、思考内容の中に実体のないもの、抽象的なものしか見ていない。

しかし、思想の根底には、生きた力が存在している。霊視内容を表現した思考内容なら、それを伝達することは、伝達された者の中で、実りをもたらす萌芽となって作用する筈である。高次の認識のための思考作業を侮り、思考以外の力をそのために行使しようとする人は、思考こそ感覚的世界で行使しうるそのための最高の能力であることを知ろうとしない人である。

したがって、どうしたら霊学の高次の認識内容を獲得できるのか、と問う者に対しては、まず、そのような認識内容を他者から学ぶように、と告げるべきである。そしてもしもその者が、自分は他人の観たものについて知りたいとは思わない、自分で観たいのだ、と答えるなら、他の者の経験から学びとることこそ、みずからの認識への第一段階なのだ、と答えねばならぬ。それでは盲目的信仰を強要されてしまうのではないか、と言う人もいるだろうが、しかしこのような伝授にあっては信じる、信じないではなく、聞いた事柄をとらわれずに受け容れる態度だけが問題なのである。

真の霊学者なら、盲目的信仰をもって聴かれることを期待して語ったりはしない。彼は常にただ、自分は霊的存在領域の中でこのことを体験した、自分が話しているのは、この自分の得た体験内容についてである、といっているのである。

しかし彼はまた、誰かが自分の体験を受け容れ、自分の話の内容をその人の思考内容の中へ浸透させるなら、そのことがその人の霊的発展のための生きた力になることを知っているのである。

今問題になっている事柄が正しく理解できるためには、魂界と霊界とについては、どんな知識も人間の魂の根底に存在している、と考えることができなければならないであろう。人はこの一切の知識を、「認識の小道」を通って、取り出してくることができる。自分が魂の根底から取り出してきたものだけでなく、他者がその魂の根底から取り出してきたものをも、人は「観る」ことができる。まだ自分が認識の小道を歩む用意をまったくしていないときにも、このような観察は可能である。

正しい霊的観察は、偏見によって曇らされていない心の中に、理解力を目覚めさせてくれる。自分の無意識の中の知識が、他者によって見出された霊的事実に反応を示すのである。そしてこの反応は、盲目的信仰なのではなく、健全な常識の正常な働きなのである。

自分で霊界を認識するためにも、この健全な理解の方が、疑わしい神秘的な「沈潜」などよりも、はるかに優れた出発点となってくれる——しばしば人は、健全な常識が承認できるような真の霊的研究の成果よりも、神秘的「沈潜」によって得られたものの方を、より以上に優れたものと信じがちなのではあるが。

高次の認識能力を獲得しようとするとき、真剣な思考作業を自分に課すことがいかに大切なことか、どれ程強調してもし過ぎることはない。今日「見者」になりたいと願う多くの人が、まさにこの真剣で禁欲的な思考作業をいい加減にしているので、この点を強調することがますます必要になっている。

「思考」はまったく私の役に立ってはくれない、とこのような人たちはいう。大切なのは「感覚」、「感情」等だという。これに対して言わなければならないのは、どんな人も、あらかじめ思考生活上の精進を続けていなかったら、高い（つまり真の）意味の「見者」になることはできない、ということである。或る種の内的安逸が、多くの人々の中で、不当に大きな役割を演じている。彼らがこの安逸を意識していないのは、「抽象的思考」、「無駄な思弁」等々の軽蔑を衣装として身にまとっているからなのである。思考を、無意味な抽象的思弁を重ねることと混同する人は、思考の本質を理解していない。確かに、このような「抽象的思考」なら、容易に超感覚的認識の息の根を止めてしまうであろうが、生きた思考は、超感覚的認識の土台を築くことができるのである。思考作業を避けながら、高次の見霊能力を獲得することができれば、もちろんはるかに楽である。だから多くの人がそうしようとする。しかし、見霊能力に必要な内的確かさ、不動の心に導くことができるのは、ただ思考だけである。

思考の働きがなければ、心像の勝手気儘な跳梁と混乱した魂の動きとが生じるだけである。それは或る種の人にとって快いことかも知れないが、しかしそれと高次の世界への真の参入とは、何の関係もない。

さらに、高次の世界へ真に参入するときにのみ、純粋な霊界の諸体験が現れる、という事実を考える人は、この問題が別の面をもっていることをも理解するであろう。「見者」の魂の生活は、絶対に健康でなければならない。ところが真の思考以上に、この健康をよく管理してくれるものはないのである。実際、高次の霊能力開発のための修行が、思考を土台として、その上に打ち立てられるのでなかったなら、健康上重大な障害を受けるであろう。見霊能力は、健全にそして正しく思考できる人を、生活する上で、さらにそれ以上に健全で有能な人にする。思考の労苦を避けながら、霊能力を開発しようとすることは、ありとあらゆる夢想、空想および人生に対する間違った態度を促す。この点を考慮した上で、高次の認識を獲得しようとするなら、どんな事が生じても、恐れる必要はない。ただ常に、この前提の下に立っていなければならない。この前提は、人間の魂と霊だけにあてはまる。何らかの肉体上の健康を損う影響があるかどうかは、この前提とは、何の関係もない。

根拠のない不信は、有害である。なぜなら、それは受けとる者の内部で、反発力として働き、それによって、生産的な思考内容を受け容れようとする態度がそこなわれるからである。盲目的信仰をもて、というのではなく、霊学的思考世界を、信、不信に係わりなく、ただ受け容れようとする態度だけが、高次の感覚を開くための前提となる、というのである。霊学研究者は弟子に次のような要求をする。――「私の言うことを信じなくてもよいが、それについて考え、それを君自身の思考内容にして見給え。そうするだけで、すでに君の内部で、私の思考内容が生きはじめ、君はその真実を自分で認識するようになるだろう。」これが霊学研究者の立場なのである。彼は示唆を与える。その示唆を真実と見做すことのできる力は、受け容れる者自身の内部から生じてくる。霊学の諸見解は、この意味で求められるべきなのである。偏見を排して、自分の思考をこれらの諸見解に没入させることができる人は、遅かれ早かれ、自分で霊界を観ることができるようになるであろう。それらが彼をそこまで導いていくのは、確実である。

　このことの中に、高次の現実を自分で霊視しようとする人が、自分の中に作り出さねばならぬ最初の特質が、すでに暗示されている。それは、人間生活や人間外の世界が開示するものに、偏見を排して、ひたむきに帰依することである。はじめから、これまでの人生経験から得た判断の規準だけで、世界の現実に相対する者は、この判断の故に、現実が彼に及ぼすことのできる静かな多面的作用から自分を閉ざしている。学ぶ者は、いかなる瞬間も、異質の世界を容れることのできる、まったく空の容器になることができなければならない。われわれ自身に発する判断や批判のすべてが沈黙する瞬間だけが、認識の瞬間なのである。たとえば、或る人と出会ったとき、その人よりわれわれの方がもっと賢明であるかどうか、ということは、全然重要なことではない。極く無分別な幼児といえども、偉大な賢者に対して開示すべき何かをもっている。そしてこの賢者が、どんなに彼らしい賢明さで、幼児を批判したとしても、そう批判することで、その賢明さは曇りガラスとなって、幼児が彼に開示しようとする事柄の前に立ち塞がる。[註]

註　「ひたむきな帰依」を要求する場合、自分の判断を捨てたり、盲目的信仰に耽ったりすることを求めているのではないということが、まさにこの記述から理解できるだろう。幼児に対してそのようなことは当然何の意味ももたない筈である。

自分とは違う世界の示す事柄に帰依することができるためには、完全な内的帰依が必要である。そしてこのような帰依を、自分がどこまでやれるか試して見ようとする人は、自分自身について驚くべき諸発見をするだろう。高次の認識の小道を歩もうとするなら、自分自身のもつすべての偏見を、どのような瞬間にも、消し去ることができなければならない。自分を消し去るときにだけ、他のものが彼の内に流れ込む。自分を無にして、対象への帰依を高度に所有することだけが、いたるところで人間をとりまいている高次の霊的諸現実を受け容れさせる。

自分自身だけで、この目標に向って、この能力を意識的に育成することができる。たとえば、周囲の人間に対してどのような判断も下さぬように試みることができる。好きとか嫌いとか、愚かだとか賢いとか、人が日常下す判断の規準を、自分の中から消し去るのである。そしてこのような尺度なしに、人間を純粋にその人間そのものから理解することを試みる。最上の修行は、嫌悪を感じている人間について、このことを行う場合である。あらゆる力をふるって嫌悪の念を抑え、その人間の行うすべてのことを、心を開いて自分に影響させる。

あるいは、何か判断を下したくなるような状況にあるとき、判断するのを我慢して、とらわれず印象に心をゆだねるのである。[註]

註 このとらわれることのない帰依は、「盲目的な信仰」とは如何なる関係ももたない。盲目的に何かを信じよと言うのではない。生まなましい印象をもつ代りに、「盲目的な判断」を下したりしないように、と言うのである。

事物や出来事について語るよりも、事物や出来事が、自分に語りかけてくるようにすべきなのである。そしてこのことを、自分の思考の世界にまで拡げる。自分の中に何らかの思考内容を作り出そうとする気持ちを抑え、もっぱら外にあるものに思考内容を作り出させる。

聖なる熱意と持続の力で為されるときにのみ、この行は、高次の認識目標へ導いてくれる。このような行を軽視する人は、その価値について何も知ってはいない。これらの事柄を実際に経験している人は、帰依ととらわれぬ態度とが真に力の発生源であることを知っている。蒸気釜に加える熱が機関車を動かす力に変化するように、没我的な霊的帰依の行は、霊界を観る力に変化する。

人間はこの行を通して、自分の周囲のすべてを受容できるようになる。しかしこの受容能力には、正しい評価の能力も結びつかなければならない。周囲の人びとに負担をかけながら、平気で自分自身を過大評価しようとする傾向を持ち続ける限り、高次の認識への通路をみずから閉ざしている。世の中の事物や出来事のどれに対しても、それらが自分に与える快と苦の観点からしか評価できぬ者も、自分自身に対するこのような過大評価にとらわれている、といえる。なぜなら自分の快楽、自分の苦悩は事物に関する経験なのではなく、自分自身に関する経験に過ぎないからである。

或る人に好意を感じるのは、彼に対する私の関係に過ぎない。判断し、態度を決めるに際して、もっぱら快と共感の感情だけに従う私は、自分の性格を前面に押し出している。私は世間にこの自分の性格を押しつけている。私は今のままの自分で世間に干渉しようとしているが、世間を偏見なしに受け容れようとはせず、またその中に働くさまざまな力を十分に活かそうともしていない。換言すれば、私は、自分の性格に適うものだけに対して寛容であるに過ぎず、それ以外のすべてに対して、私は反発しようとしている。

感覚世界の中にとらわれている人間は、すべての非感覚的影響に反発するものである。学ぼうとする人は、事物や人間の中のどんな些細な価値や意味をも肯定できるような性質を、自分の中に育て上げなければならない。共感と反感、快と不快は、まったく新しい役割を果せるようにならなければならない。これらを押し殺して、自分を無感動な人間にすることが良いというのではない。反対である。すぐには共感、反感から判断と行動を引き出そうとしない能力を養えば養う程、人間はますます繊細な感受性を自分の中に育て上げるであろう。

自分の中にすでにある性質を統禦できたとき、共感と反感がより高い在り方をとりはじめるのを、経験するであろう。はじめはこの上なく不愉快に思えるような事柄にさえ、隠れた長所がいくつもある。利己的な感情に従おうとする態度をやめたとき、そのような隠された長所が現れてくる。自分をこの方向に育て上げた人は、あらゆるものに対して、他の人より、より繊細な感じ方をする。なぜなら、自分の主観によって感受性を曇らされることがないからである。自分が盲目的に従っている性癖は、周囲の事物を正しい光の下に見る力を鈍らせる。自分の性癖に従っているとき、われわれはいわば環境の中に押し入っていくのであり、自分を周囲の事物にさらして、周囲の価値をじかに感じとろうとしてはいないのである。

そしてどんな快や苦にも、どんな共感や反感にも、自分中心の反応をしようとしなくなれば、外界の移ろいゆく印象からも自由になれる。或る事物に感じる快感は、たちまちその事物に依存し、その事物の中に自分を見失う結果を生じさせる。印象の変化に従い、その都度快や苦に我を忘れる人間は、霊的認識の小道を歩むことができない。平静な心で快や苦を受け容れることが必要である。そうすれば、快や苦の中に自分を見失わずに、快や苦を理解しはじめる。私が快に没頭する瞬間に、その快は、私の人生を消耗する。大切なのは、快を私に与えてくれた事物を理解することであり、快感はそのために利用されるべきものに過ぎない。

事物が私に快を与えるということが私にとって大切なのではない。私が快を体験するとき、その快を通して事物の本質を体験すべきなのである。快とは、私にとって、事物の中に快を与えるに適した或る性質がある、ということの表現以上のものであってはならない。私は、この性質を認識することを学ばねばならない。快のもとに留まり、快にまったく心を奪われてしまっているなら、ただ生活を享受するだけの存在に過ぎなくなる。快が事物の特質を体験するための単なる機会に過ぎなくなれば、この体験を通して、私の内部はより豊かになる。快と不快、喜びと苦しみは、道を求める者にとって、事物について学ぶ機会でなければならない。

道を求める者は、このことを通して、快と苦に対して鈍感になるのではなく、快と苦が自分に事物の本性を打ち明けてくれるように、快と苦から自分を引き離すのである。この方向へ向けて努力するなら、快と苦がどれ程優れた教師であるか理解するようになるであろう。そのとき人は、すべての存在とともに感じ、それによってその存在の内部からの開示を受けとるであろう。道を求める者は、「ああ、苦しい」とか、「本当に嬉しい」とか言うだけではなく、その苦悩がどう語りかけてくるか、その喜びがどう語りかけてくるかをも、常に知ろうとすべきである。外界に見出す快と喜びとを自分に作用させようと努力すると、自分と事物とのまったく新しい関係が育ってくる。以前は、特定の印象を受けとると、その印象がよかったとか、不快な気持にさせたとかという理由だけで、あれこれの態度をとってきた。しかし快と不快とを自分の器官にした今、この器官を通して、事物がその本性について語りはじめる。快と苦とは自分の内部の単なる感情から、外界を知覚する感覚器官にまで変化する。

何かを見るとき、眼は自分で行動するのではなく、手に行動させるように、霊的求道者における快と苦は、認識手段となっている限りは、みずからは何事も惹き起さず、もっぱら印象を受けとるだけに留まる。そしてこの快と苦を通過して経験される事柄がはじめて行動の原因となる。快と不快とをこのような通過器官とするように修行するなら、その快と不快は、魂界を開示してくれる魂本来の器官を、自分の内部に作り出してくれるだろう。眼は、感覚的印象のための通過器官であるからこそ、身体の役に立つことができる。快と苦だけを通用させるのをやめて、快と苦が自分の魂に外の魂を開示するようになるなら、快と苦が魂の眼になってくれるだろう。

認識を求める者が自分の性格から来る妨害を克服して、以上の特質を育てることができたら、周囲に存在するものの本質を、自分に作用させることができるようになる。しかし自分自身を霊的環境の中へ組み入れるのも、正しい仕方で行わなければならない。

人間は、思考する存在である限り、すでに霊界の市民である。しかし本当の意味で霊界の市民になるためには、認識に際して、霊界の法則に従った方向に思考を推し進めることができなければならない。なぜなら霊界はそのときにしか、霊的諸事実を開示することができないからである。自分の求める思考内容だけを信頼しようとする人は、霊界の真実に達することがない。なぜならその場合の思考は、体的存在の内部で生み出される内容しか展開することができないからである。

頭脳に制約された精神活動しか知らぬ思考世界は、無秩序で、混乱している。そこでは或る思考内容が現れ、跡切《とぎ》れ、別の思考内容にとって代られる。二人の人の交わす会話に注意深く耳を傾けるなら、あるいは自分自身を率直に観察するなら、鬼火のように、あちこちに揺れ動く思考内容の群れに支配されている状態が見えてくるであろう。どれ程混乱した思考内容が作り出されても、感覚生活の課題に従って生きていく場合には、現実の諸事実が繰り返しその誤りを正してくれる。私がどんなに混乱した思考を続けても、日常生活は、現実法則に適った行動をするように私に要求してくる。或る都市について私の抱く観念は、支離滅裂なものであるかも知れない。しかしその都市に行くなら、そこの諸現実に私は自分を結びつけないわけにはいかない。技術者は、どんなに混沌とした観念を抱いていたにしても、仕事場においては、自分の扱う機械の法則によって、正しい処置をとるように促される。感覚世界の内部では、諸現実が思考に対して、絶えず訂正を行っている。或る物質や或る植物の形態について誤った見方をしたなら、現実が私に向ってきて、正しく思考するように促す。

高次の存在領域と私との関係を考察する場合、まったく事情は異なってくる。高次の諸領域は、私が厳密に規則づけられた思考をもってそこに歩み入るときにしか、真の姿を現してくれない。思考が正確に私を案内してくれなければならない。そうでなければ、正しい道が見出せない。なぜなら霊界の諸法則は、物質的、感覚的な法則に同化することはなく、したがって現実法則のような強制力を私に及ぼすことがないからである。霊界の法則が、思考存在としての私自身の法則と一致しているとき、はじめて私は霊界の法則に従うことができる。高次の諸領域においては、私自身が正確な道標でなければならないのである。

したがって認識を志す者は、思考を厳密に規則づけられたものにしなければならない。思考内容が日常的な生き方と歩調を合わせる習慣を、まったく止めなければならない。思考内容は、どのような場合にも、霊界の内的性質を取り入れていなければならない。彼はこの点で自分をよく観察し、自分をよく律することができなければならない。ひとつの思考内容が勝手に別の内容と結びつくのではなく、もっぱら思考世界の厳密な内容にふさわしく結びつくのでなければならない。ひとつの観念から別の観念への移行は、厳密な思考法則に相応していなければならない。人間は思想家として、いわば常にこのような思考法則の模像を表現しなければならない。この法則に由来しないものはすべて、観念の流れから排除しなければならない。たとえどれ程好ましい思考内容であっても、それが思考の規則的進行を妨げるなら、退けねばならない。個人的感情が、思考内容に別の方向をとるように強いるなら、それを抑圧しなければならない。

プラトンは入門した者に、まず数学の課程を修得するように命じた。現象界の日常的な歩みに従わない数学の厳密な法則は、認識を志す者にとって、まことに良き準備となる。数学において進歩しようと思うなら、すべての個人的な我儘、すべての妨げになる心の動きを捨てなければならない。認識を求めるという自分の課題に応えようとするなら、思考の自分勝手な活動を、すべて自分の意志で克服して、思考内容の求めに純粋に従う必要がある。

このようにして、霊的認識に役立つと思われるどのような思考にもついていかなければならない。思考生活そのものが、数学の判断や、推論と一致したものでなければならない。どこをどう歩いていようとも、このような仕方で思考できるように、努力しなければならない。そうすれば霊界の合法則性が自分の中へ流れ込んでくる。しかし思考が日常の混乱した性格を帯びるなら、この合法則性は跡形もなく、消えてしまうだろう。秩序づけられた思考は、確実な出発点から最奥の真理にまで導いてくれる。とはいえこのような示唆は、一面的に受けとられるべきではない。数学は確かに思考の訓練に役立つけれども、数学を学ばなくても、健全な、生きた純粋思考に至ることができるのだから。

そして認識を志す者は、思考のために努力すると同時に、行為のためにも努力しなければならない。すなわち自分の個人的側面からの妨害を排して、優れた美と不変の真理の法則に従うように努力しなければならない。美と真の法則によって方向が決定されなければならない。正しいと認識したことを実行しはじめたなら、その行為が自分の個人的感情を満足させないからといって、一度歩みはじめた道をそのために捨てることは許されない。またそれが美と真の法則に一致しないと思ったなら、いくら喜びをもたらすからといって、それを追い続けてはならない。日常生活においては、個人的感情に満足を与えるかどうか、確実な成功を約束するかどうかによって行為が決定される。このことによって、人は自分の生き方を世界の諸事象の歩みに一致させようとする。霊界の法則が教える真実を理解しようとはせず、自分の恣意の要求を叶えようとする。霊界の法則に従うとき、はじめて人は霊的意味で活動しているのだ。単なる個人の性格から為された事柄は、霊的認識の基礎を作り出す力になり得ない。認識を求める者は、何が私に良い成果をもたらすか、どうすれば成功するか、と問うだけではなく、何を私は善なるものとして認識したのか、と問うこともできなければならない。自分個人のために行為の成果を問わぬこと、一切の恣意を捨てること、これが自分に課すべき第一の掟なのである。

この掟に従う人は、すでに霊界の道を歩んでいる。その人の全存在は、そのとき霊界の法則を自己のものにしており、感覚世界のすべての強制から自由になる。換言すれば、霊人が感覚の殻から抜け出す。

このようにして、霊的なものに向って前進し続け、自分自身を霊化していく。人は言うかも知れない――「いくら志を立てて、真なるものの掟に従おうとしても、そうした意図はすべて何の役にも立たないだろう。真なるものなどといっても、恐らくは迷うだけだ。」しかしここで大切なのは、努力することであり、基本的な心構えなのである。迷う者といえども、真なるものを求めようと努める限り、自分を間違った方向から引き戻す力をもっている。この力が迷いの中にいるときにもその人を捉え、正しい道へ導く。「正しい道ばかり歩けはしない」、という非難の中に、すでに障害となる不信感が見られる。それは真なるものの力を信頼していないことを示している。なぜなら、ここで重要なのは、自分の利己的観点から目標をきめるような思い上がりを捨てて、没我的な態度で、霊に方向を決定させることなのだから。真なるものが何を指示しようとしているかをきめるのは、利己的な人間の意志なのではない。この真なるもの自身が人間の中で指導的地位につき、その人間の全存在に浸透し、その人間を霊界の永遠の法則の模像にしなければならない。人間は、この永遠の法則を生活の中へ流れ込ませるために、自分をこの法則とひとつにしなければならない。

認識を志す者は、自分の思考だけでなく、自分の意志をも、厳重に監視することができなければならない。そうすることによって、傲慢に陥ることなく、まったき謙虚さの中で、真と美の世界の使者となる。そしてそれによって、霊界の参入者になり、それによって発展段階を次々に上っていく。なぜなら、霊的生活はただ観るだけでなく、みずから体験することによって獲得されねばならないのだから。

認識を志す者が以上に述べた諸法則を遵守するなら、霊界についての魂の体験が、まったく新しい形態をとるようになるだろう。その人はもはや魂の体験だけに留まってはいない。魂の体験は、もはや自分の生活にとってのみ意味があるのではなく、高次の世界の知覚内容にまで作り変えられる。魂の中の感情、快と不快、喜びと苦しみは、魂の器官にまで成長する。ちょうど肉体の中の眼と耳が、それ自身のために生命活動をするだけでなく、自己を滅して、外からの印象を自己の中に通過させるように。

認識を志す者は、それによって、平静と確信という霊界参入に必要な魂の態度を獲得する。大きな喜びも、もはや有頂天にはさせず、それまで見逃していた世界の諸特性を伝えてくれるようになる。どんな大きな喜びも心を騒がせはしない。そしてその平静を通して、喜びをもたらした事柄の本質的特徴が明らかになる。苦しみも、もはやただ憂鬱にさせるのではなく、この苦しみの原因となった事柄がどのような性質のものなのかを語ることができるようになる。眼が自分のためには何も欲せず、ただ人間に進むべき道の方向を教えるように、快と苦とは、魂が確かな歩みを進めることができるように導いてくれる。これこそ認識する者が至らねばならぬ魂の均衡状態なのである。

快と苦は、認識する者の内的生活の中で立てる波に終ることが少なければ少ない程、超感覚的世界のための眼となるであろう。人間は、快と苦の中に生きる限り、快と苦を通して認識することはない。快と苦を通して生きることを学び、自己感情を快と苦から切り離すなら、快と苦は知覚器官となり、快と苦を通して観、そして認識できるようになる。それによって認識する者の魂が干涸び、喜びも悲しみも知らぬ、冷たい人間になってしまう、と思うことは、正しくない。快と苦は存在しているのだが、ただ霊界を探究するときの快と苦は、変容して、「眼と耳」になっているのである。

世界と個人的に係わろうとする限り、事物も、われわれの性格と係わりのある部分だけしか現してはくれない。しかしそれは事物の無常な部分である。われわれ自身が無常なものとの関係を断って、自己感情と「自我」をわれわれの持続的なものの中に生かそうとするなら、われわれの無常の部分は仲介者になる。そしてこの仲介者を通して明かされるものは、事物における恒常の、永遠の部分なのである。認識する者は、自分の中の永遠なものと事物の中の永遠なものとのこの係わり合いを、自分で作り出さなければならない。すでに述べた他の行を実践する以前に、またはその行の間に、この永遠なものに注目する必要がある。私が石、植物、動物、人間を観察するとき、これらすべてのものの中で、或る永遠なものが発言しているのを、私は忘れてはならない。無常な存在である石の中に、人間の中に、持続的なものとして生きているのは何か、移ろう感覚的現象を超えて持続するものは何か、と私は問うことができなければならない。

霊を永遠なるものへ向けることが、日常の瑣事に対する感覚や配慮を殺して、生まなましい現実から自分を疎外してしまうのではないか、と考える必要はない。反対である。一片の紙切れも、一匹の昆虫も、眼をそれに向けるだけでなく、眼を通して霊をそれに向けるとき、数知れぬ秘密をわれわれに打ち明けてくれるだろう。一瞬の火花、微妙な色合い、声の抑揚を、感覚は生きいきと感じ続けるだろう。何ものも失われず、ただ限りなく新しい生活が、従来の生活につけ加えられるだけであろう。そして、どんな陳腐なものにも眼を向けることの意味が理解できぬ人は、色褪せた、貧血の思想しかもてないだろうし、霊視を獲得することはないだろう。

この方向でわれわれにとって決定的に重要なのは、志である。この方向をどれ程遠くまで歩いていけるかは、われわれの能力次第なのかも知れない。しかし正しいと思ったことだけを行い、他のことは成り行きにまかせればよいのだ。最初はわれわれの感覚を持続的なものに向けることで満足しなければならない。この行を通してこそ霊視による持続的なものの認識は開けてくる。その認識が与えられるときまで、われわれは待たねばならない。忍耐強く待ち、そして修行し続ける者には、ふさわしい時期に、必ずそれは与えられる。

　このような行を続けていくと、やがて圧倒的な変化が自分に生じてくるのが分る。人間はどのような事物についても、この事物と持続するもの、永遠なものとの関係を認識する。そしてこのような関連から、重要な点と重要でない点とを区別することを学ぶ。世界に対して、以前とは異なる評価を下すようになる。感情は周囲の世界全体に対して新しい関係をもつようになる。無常のものはもはや以前のようには、それだけで心を惹くことはなくなる。それは永遠なものの一環として、比喩としての意味しかもたなくなる。そして、すべての事物の中に活動する、この永遠なものを愛することを学ぶ。

　以前無常のものがそうであったように、今この永遠なものが親しいものになる。このことによって、生活から疎外されたりはしない。どの事物に対しても、その真の意味に従って評価することを学ぶのである。無意味なたわごとを聞いても、それをまったく無視したりはしないだろう。霊的なものを求める人間は、そのたわごとに我を忘れるのではなく、そこに限られた価値を認識し、それを正しい光の下に見る。雲の上を歩くことばかり考えて、生活を忘れるのは、悪しき認識者である。真の認識者は、すべてのものに対する透徹した洞察と正確な感受性を人生の高みにおいて獲得し、それによって、事物のひとつひとつに正当な位置づけを与えることができる。

かくして、意志をあちこちへ引き廻す外的感覚世界の予測もつかぬ影響に従わずにすむ可能性が、認識する者に開けてくる。認識を通して、事物の永遠の本質を観る。内面世界が変化した今、この永遠の本質を知覚する可能性が常に与えられている。認識する者にとって次のような考えは、特別に重要な意味をもっている。――「内的要求に従って行為するときは、事物の永遠の本質に従って行為しているのだ。なぜなら、事物が私の中でその本質を語るのだから。それ故、自分の中に生きている永遠なるものに従って行為する私は、永遠の世界秩序の意味で行為しているのである。したがって私は、もはや事物に押し流されているだけの存在なのではない。事物そのものに組み込まれた、そして今は私自身の存在法則にもなっている法則に従って、私は事物に働きかけているのだ。」

内面からのこの行為は、人がそれを求めて努力すべき理想でしかないかも知れない。この目標の達成が、遥か彼方にあるにしても、認識者はこの目標への道をはっきりと見定めようとする志しを持たなければならない。これこそが彼の自由への意志なのである。なぜなら、自由とは自分からの行為のことなのだから。そして、動機を永遠なるものから取り出す人だけに、自分から行為することが許される。そうすることができない人は、事物に組み込まれたものとは異なる動機に従って行為する。このような人は、世界秩序に逆らうことになる。そうすると、世界秩序がその人を圧倒する。すなわち、その人は自分の意志が本来もっている課題を結局最後まで果すことができず、自由になることができない。個別的存在の恣意が、その我儘な行為の結果、自分自身を破滅させる。

＊　＊

このような仕方で自分の内面生活に働きかけることのできる人は、霊的認識の道を一歩一歩前進する。この行の結果、超感覚的世界への知覚が開けてくる。超感覚的世界についての諸真実がどのようなものであるかを学び、そして経験を通して、この諸真実についての確証を受けとる。

この段階まで来ることができた人には、この道を通ってしか体験されえない何かが近づいてくる。今はじめてその意味が明らかとなるような仕方で、秘儀（イニシエーション）が「人類の偉大な指導者の力」によって、伝授される。その人は「叡智の弟子」になる。

秘儀は、外的人間関係をそこに見ようとしなければしない程、正しい理解に達する。認識する者にそのとき起る事柄については、ここでは暗示することしかできない。その人はそこに新しい故郷を見出し、そのことによって自分が超感覚的世界の住人であることを意識するようになる。霊的洞察力の源泉が、今や或る高次の領域から流れ込んでくる。認識の光は、今や外からその人を照らすのではなく、その人自身がこの光源の中へ移される。世界が提出する謎は、新しい光を与えられる。

このとき以後は、もはや霊によって形成された事物と対話するのではなく、形成する霊そのものと対話する。霊的認識の瞬間には、個人の私的生活は永遠なものの比喩としてしか意識されなくなる。以前はまだ起り得た霊への懐疑は消える。なぜなら、懐疑が生じうるのは、事物が自身の中に働く霊について、偽りの観念を抱かせるときだけだからである。「叡智の弟子」は、霊そのものと対話することができるから、以前霊について抱いていた偽りの形姿はどれもこれも皆消えてしまう。霊について抱いている偽りの形姿を迷信という。秘儀に参入した者は、迷信に陥ることがない。なぜなら、どれが真なる霊の形姿なのかを知っているのだから。

個人、懐疑、迷信による諸偏見からの自由、これこそ認識の小道を通って叡智の門に入るのを許されたことのしるしなのである。

個人と普遍的霊性とのこの一体化は、個性を破滅させること、「万有霊」の中へ個人が自己を解消させること、を意味してはいない。このような「消滅」は、個人の真の発展の際には生じない。個人が霊界と結ぶ関係においても、個人は個人であり続ける。個性の克服ではなく、個性の向上が問題なのである。個々の霊と普遍的な霊とのこの合一を、比喩的にいうなら、さまざまの円がひとつの円と合同になり、その円の中に自己を解消させてしまうという図ではなく、各々がそれぞれ特定の色合いを保っている、数多くの円の図を選ぶべきである。その多彩な色環は重なり合う場合にも、色合いの各々は全体の中でその特質を失うことなく、存在を保っている。どの色合いも、その独自の色彩価値の豊かさを失うことがない。

「小道」について、ここでこれ以上論じ続ける必要はあるまい。本書の続篇である『神秘学概論』の中では、さらに可能な限りの詳論が試みられている。

以上に述べてきた霊的認識の小道は、極めて容易に誤解される。そして生まなましい喜びや逞しい生活体験から引き離すような魂の気分をもて、とすすめているかのように考えられがちである。この誤解に対しては、霊的現実を直接体験するにふさわしい魂の気分は、普遍的要求として、生活全般にまで拡げることはできない、という点を強調しておかなければならない。霊的現実の探求者は、この探求のためには、自分の魂を感覚的現実から引き離す必要があり、それを強力に遂行する必要があるが、この現実からの離反は、生活全般に亘るのではなく、したがって彼を世間離れした人間にはしない。

霊界を認識する行為は、ここで述べてきた認識の小道を歩む行為だけでなく、偏見に曇らされぬ、健全な理解力で、霊学上の真理を把握しようとする行為においても、高度に道徳的な生活態度を育て、感覚的存在を真実に則して認識することを教え、生きる自信と内なる魂の健全とをもたらしてくれるのである。

補遺

四四頁について。「生命力」について語ることは、最近まで非科学的な頭脳のしるしであるとされてきた。現在、科学分野のそこここで、ふたたびかつての意味での「生命力」の考え方が用いられつつある。しかし、現代科学の進歩の方向をよく理解している者は、むしろ「生命力」を問題にしない立場の方に、より一貫した論理性を見出すだろう。自然力と呼ばれるものの中に「生命力」を加えることは、まったく不可能である。現代科学の思考習慣、思考方式を超えて、より高次の立場を獲得しようとしないのなら、むしろ「生命力」については語るべきでない。

「霊学」の思考方式とその諸前提とによってはじめて、矛盾せずにこのような事柄へ接近することが可能になる。しかし今では、純自然科学的な基礎の上に、自己の基本的観点を獲得しようとする思想家たちもまた、生命現象を説明するのに、無生物の中にも作用しているような諸力だけしか妥当させまいとする一九世紀後半以来の信仰を棄てている。優れた自然研究者オスカー・ヘルトヴィヒの著書『有機体の生成——ダーウィンの偶然理論を批判する』はこの点で多くの照明を与えてくれる。この書は、単なる物理、化学上の法則関連だけで生命を形成できるという仮説に反駁している。

いわゆる新生気論において、かつての「生命力」論者の主張に似た仕方で、生命体には固有の特殊な力が働いているとする立場が現れてきたことも重要である。

けれども、非有機的な力を超えた生命の働きは、超感覚的なものを観る霊的知覚を通してしか捉えられない。この事実を認めぬ限り、この問題に関して、学問上図式的な抽象概念以上に出ることは誰にもできないであろう。非有機的対象を扱う自然科学の認識方法を、そのまま生命領域に適用することではなく、それとは異なる認識方法を獲得することが、すべてを決定する。

四四頁について。下等生物の「触覚」について語る場合、この言葉は、通常の「感覚」論の中で意味されている触覚と同じではない。触覚という表現は、むしろ霊学の立場から、多くの批判を加えることができるだろう。ここでいう「触覚」とは、外的印象の一般的知覚であり、その特殊知覚が視覚、聴覚等々なのである。

四二—七〇頁について。この論述における人間存在の分類は、統一的な魂のいとなみをまったく恣意的に区別しているかのように見えるかも知れない。だからそう考える人に対しては、光がプリズムを通過して虹の七色に変るのと似た意味で、統一的な魂のいとなみを分類しているのだ、とここで強調しておくべきであろう。

物理学者が光の現象の解明を、プリズムによる光の屈折とそれに伴う七つの色相の研究を通して行うように、同様の仕方で霊学者は魂の本質の解明を行うのである。魂の七区分(人間本性の七区分のこと――訳者)は、単なる悟性による抽象的な区分ではない。光を七つの色に区分することが抽象的でないのと同様である。いずれの場合の区分も、事柄の内的本性に基づいている。異なる点はただ、光の七区分が外的装置によって可視的になるのに対し、魂の七区分は、魂の本質を霊視することによってのみ知覚可能となるというところにある。魂の真の本質は、この区分を認識せずには理解されえない。なぜなら、人間存在の三つの部分、肉体、生命体、魂体を通して、魂は無常の世界に属し、他の四つの部分を通して、永遠の世界に根を下ろしているのだから。

「単一の魂」においては無常なものと永遠のものとが無差別に結びついている。魂のこの構造を洞察しない者は、魂と世界全体との関係を知ることができない。もうひとつ、別の比喩をここで用いれば、化学者は水を水素と酸素に分ける。この両元素は「単一の水」の中では観察できない。しかし水素も酸素も固有の性質をもっており、それぞれ他の諸元素とも結合することができる。そのように、死に際して分れた三つの「魂の下位部分」は、無常の世界存在と、四つの上位部分は、永遠の存在と結合する。魂の区分を行うことに反対する人は、水を水素と酸素に分けることを考えようとしない化学者に似ている。

五二頁について。霊学上の表現は正確に理解されねばならない。なぜなら、正確に理念を表現するときにのみ、霊学は意味をもつからである。たとえば「これら（感覚その他）を（つまり動物の場合）独立した、直接的体験を超えた思考内容と結びつけはしない」という一節を例にとれば、「独立した、直接的体験を超えた」という言葉を無視する人は、すぐに誤解して、動物の感情や本能の中には思考内容が含まれていないという主張が為されているのだ、と考えてしまうだろう。しかし真の霊学は、動物のすべての内的体験は（そもそも一切の存在と同様）思考内容と結びついている、という認識の基盤に立っている。ただ動物の思考内容は、動物における「自我」の独立した思考内容なのではなく、外から個々の動物を支配する、動物の集合的自我の思考内容なのである。この集合的自我は、人間の自我のように物質界の中には存在せず、一〇三頁以下に述べた魂界の中から、個々の動物に働きかけている。（これに関する詳しい記述は、私の『神秘学概論』の中に見出せる。）人間の場合、思考内容は、独立した存在を獲得しており、間接的に感情の中ででではなく、直接的に思想として、魂に体験されている。

五八頁について。幼児は「カールはえらいんだよ」、「マリーはこれが欲しい」という言い方をすると述べたが、その際子どもがどのくらい早くから「私」という言葉を用いるかが問題なのではなく、いつ子どもが対応する観念をこの言葉に結びつけるかが問題なのである。大人が「私」というのを聞いて、子どもが「自我」の観念をもつことなしに、この言葉を使う場合もあるだろうが、大抵はもっと後になって使われるこの言葉は、暗い自我感情から、次第に自我観念が育っていく重要な成長過程を示しているのである。

六二―六三頁について。「直観《イントゥイツィオン》」の本来の意味は、私の著書『いかにして超感覚的世界の認識を獲得するか』と『神秘学概論』との中で論じられている。表面的に見れば、この両書で用いられているこの言葉と本書六二頁に見出されるこの言葉との間に矛盾の存在していることが、容易に指摘できよう。しかし霊的認識に際して、霊界が「直観」を通して自己の真の姿を明らかにする仕方は、霊我に対するそのもっとも低次の形式においては、物質界の外的事物が感覚を通して行うのと同一の開示の仕方をしている。この点をよく考えてみるなら、上の矛盾は存在しなくなる。

七一頁以下について。「霊の再生と運命」について。この章は、他の諸章と異なり、超感覚的な認識内容に触れることなく、人生の経過そのものを理論的に考察している。そして、現世の生活とその運命とが、それ自身を超えて、輪廻転生を指示している点を論じ、その考え方の根拠を明らかにする試みをしている。

この考え方は、一回限りの生涯に眼を向ける通常の考え方だけが「確かな根拠をもつ」と考える人にとって、まったく疑わしく見えるにちがいない。しかしこの章の論述は、このような通常の考え方では、生きることの根拠を認識することができない、という立場から、この立場の基礎づけを行おうとしている。

したがって、通常の考え方と一見矛盾する別の考え方が探求されねばならないのである。この別の考え方は、魂の内部でしか捉えることのできない事象に対して、物質上の事象に対するのと同様の理論的考察を加えることを頭から拒否する場合、探求の仕様がなくなる。このような拒否的態度に出る人は、たとえば、自我に加えられた或る運命の打撃によって、記憶の中の体験内容と共通した或る体験を今しているのだ、という感情が呼び起されたとき、この感情に、まったく価値をおこうとはしないだろう。しかし運命の打撃の実際を体験的に知ることのできた人なら、この体験を、運命と自我との生きた関係を見失い、外界にばかり注意を向けている人の主張から、区別することができる筈である。

このような人の主張によれば、運命の打撃は、偶然かそれとも外から規定してくるもののどちらかである。この人生ではじめて現れ、その諸結果を未来になってはじめて明らかにするような運命の打撃もまた存在する。だからこのような運命だけを一般化し、他の可能性は全然顧慮しないですませようとする誘惑も、それだけ大きい。しかし人生経験を重ねて、ゲーテの友人クネーベル（一七四四―一八三四年）のように考えることができるようになれば、他の可能性も顧慮せざるをえなくなるだろう。クネーベルは或る手紙の中で次のように書いている。――「よく観察すると、大抵の人の生活の中には或る種の意図《プラン》が存在しています。それは彼らの性質や境遇を通して、いわばはじめから彼らを規定しているらしいのです。彼らの生活状況はいくらでも移り変るでしょうが、しかし結局は互に呼応し合っている或る全体によって統一されるのです。……運命の導きの手は、はじめはどれ程隠されていても、いつかは紛う方もなく現れてきます。その働きは、外的作用か内的活動となって現れてきます。しばしば矛盾し合った諸理由が、この働きの中に見出されますが、運命の進行がどれ程混沌としているように見えても、結局は根拠と方向とがはっきり現れてくるのです。」このような観察は、この観察の基礎になっている魂の諸体験を顧慮しようとしない人びとによって、容易に非難の対象にされるだろう。しかし本書の著者は、輪廻転生と運命についてのこの論述によって、人生形成の諸根拠をどこまで考えることができるか、その限界がどこにあるか、を正確に規定できたと信じている。

　この考え方から得られた直観内容が、この論述では「影絵」としてしか表現されていないこと、この論述が霊学によって獲得されねばならぬ事柄の単なる理論的準備でしかありえぬこと、この点はすでに著者によって本文の中で指摘された。しかしこの理論的準備もまた、ひとつの内的な魂の行為であって、もし有効範囲をみずから誤解したりせず、したがって「証明」しようなどと思わず、もっぱら「実修すること」を望むなら、魂のこの行為は、この理論的準備がなければ馬鹿げたものとしか思われぬような認識内容に、偏見なく心を開くことができるようにしてくれる筈である。

一〇九―一一一頁について。本書の最後の章「認識の小道」で、「霊的知覚器官」について短く触れておいた。その詳細な記述は私の著書『いかにして超感覚的世界の認識を獲得するか』と『神秘学概論』の中に見出せる。

一三八頁について。「物質界に存在するような一定場所での休息とか停滞」が霊界にないからといって、そこを休みなき変動の世界であると考えるのも正しくない。「原像を創造する存在」のいるところには、確かに「一定場所での休息」はありえないが、活発な働きと結びついた、霊的安らぎは存在する。それは無為の中にではなく、行動の中に現れる精神の安らかな満足と浄福感に比較される。

一四三頁と一四六頁について。「意図」(複数)という言葉は、世界発展の動因となる諸力に対して用いられている。したがってこれらの諸力を、単純に人間の意図と同じようなものと考えてはならない。もともと人間社会の領域に由来する言葉の場合、一度そこにある人間的制約をすべて取り去り、その代りに、人間がいわば自分自身を超えた生活状況の中にいるとき、幾分なりとも見出せるようなものをつけ加えれば、それによって、はじめてこのような取り違えへの誘惑を退けることができる。

一四四頁について。「霊言」については、私の『神秘学概論』の中に詳論されている。

一六一頁について。「……この永遠なものを規準にして、自分の未来の方向を決定することができる」と書いたが、これは死から新生に至る人間の魂の特殊な状態を指示したものである。現世の人間を襲う運命の打撃は、この世での魂の在り方からすれば、人間の意志にまったく反した事件としてしか映らないかも知れない。一方死から生に至るいとなみの場合には、このような運命の打撃を体験しようとする、意志に似た力が魂の中に働いている。

魂は或る程度まで、以前の地上生活が自分の中に不完全な部分を作り出したことを悟っている。その不完全さは、醜い行為や醜い思考内容に由来する。死と生の間の時期に、この不完全さを清算しようとする意志に似た衝動が生じる。それ故魂は、次の地上生活で自分を不幸に陥れ、その苦しみを通して清算を済ませようとする傾向を、自分の中に作り出しておく。しかし肉体的存在となってこの世に生れてくると、以前の純粋に霊的存在だった時期に、運命の打撃をみずから自分に課していた事実を、魂は思い出すことも予感することももはやできない。地上生活の観点からは全然願わしくない事柄が、超感覚的観点からいえば、魂自身によって望まれていた事柄となる。「永遠なものを規準にして、人間は自分の未来を決定する」のである。

一七七頁以下について。この章「思考形態と人間のオーラについて」はもっとも誤解されやすい章である。敵意をもった人々にとって、この章の論述こそ、非難するのに一番好都合な部分であろう。たとえば、この領域での見者の表現内容を、自然科学的観察方法に即した実験によって証明すべきだ、という要求が当然出されるだろう。オーラの霊的内容を見ることができると主張する人を大勢集めて来て、或る人の前に立たせ、この人のオーラを見させたらどうか、という提案が当然出される。そしてその人間のオーラから、どのような思考内容や感情等を感知したかを、見者と自称する人びとにいわせる。もし彼らのいうところが互に一致し、本当にその人間が見者たちのいう感情、思考内容等を抱いていることが分れば、誰でもオーラの存在を信じるようになるだろう、というのである。たしかにこれはまったく自然科学的に考えられている。しかし問題は次の点にある。霊学研究者が、霊視能力のための行を通して、自分の魂に働きかけるのは、まさにこの能力を獲得するためである。しかし個々の場合にその人が霊界における何かを知覚するかどうか、そして何をその人が知覚するのかは、自分できめられることではない。それは霊界からの贈り物として与えられる。恣意によってそれを手に入れることはできない。それが自分のものになるまで、待たなければならない。知覚を生ぜしめようとする当人の意図がこの知覚を得る原因になることは決してないのである。しかし自然科学的思考が実験のために要求しているのはまさにこの意図なのだ。しかし霊界は命令されたりはしない。もし実験が行われるべきだとすれば、それは霊界の意志で行われるのでなければならない。ひとりか若干名の人間の思考内容を、ひとりか若干名の見者が読み取るためには、霊界の中の或る存在が、そうする意図をもっていなければならない。そのような場合、見者たちは「霊的衝動」にうながされて、観察しようと集まってくるであろう。そのような場合には、彼らの供述は確実に一致するであろう。このことは、どれ程自然科学的な思考にとって理屈に合わないように思えても、事実なのである。霊の実験は、物理の実験のようにはいかない。見者がたとえば見知らぬ人物の訪問を受けるとき、彼はこの人物のオーラを、すぐに観察「しはじめる」ことはできない。しかし霊界の内部でそれを見せる必要が生じたなら、彼はそれを見る。

以上の簡単な言葉で、先に述べた非難に含まれている、誤解を招きやすい点を示唆しておきたい。霊学の為すべき仕事は、どの道を行けばオーラが見えるようになり、どの道を行けばオーラの存在を自分で経験できるようになるか、を述べることである。それ故認識を得ようとする者に対する霊学の答えは、ただ次のようなものでしかない。――「見るための諸条件をお前自身の魂に適用すればよい。そうすればお前は見るであろう。」上述した自然科学的な考え方の要求が通るなら、もっと安易に事が運ぶであろう。しかしこのような要求を提出する人は、自分が霊学上のもっとも初歩的な事実さえ、実際に学んでいないことをみずから示しているのである。

本書で与えられている「人間のオーラ」の記述は、超感覚的なものに対する興味本位の態度に迎合するものであってはならない。感覚的世界の事柄と区別されず、したがって考え方において、安易にこの感覚的世界に留まることができるようなものを「霊」として提示されたときにしか、そのような興味本位の態度は、満足を示そうとしない。一八〇頁以下の、オーラの色についての特別の考え方に触れている部分によって、オーラの記述に対するこのような誤解を防ぐことができるかも知れない。とはいえ、オーラに関して正しい洞察を得ようとするなら、人間の魂が霊的、魂的な体験をもつときは、当然すでに、オーラ的なものを——感覚的にではなく——霊的に直観しているのだということを、知っていなければならない。このような直観がなければ、霊的体験は無意識に留まる。具象的直観を霊的体験そのものと混同すべきではないが、しかしこの具象的直観の中には、霊的体験そのもののまったく的確な表現があることも、人ははっきり知っていなければならない。この表現は、直観する魂が恣意的に行う表現なのではなく、超感覚的知覚の中でおのずと形成されたものなのである。

現代は、たとえばモーリッツ・ベネディクト教授の著書『水脈棒占いと振子占い』におけるような仕方で、自然科学者が一種の「人間のオーラ」を論じると、それを容認しようとする。この著者は次のように述べている。——「その数はわずかだが、『暗闇に適応できる』人間がいる。この少数者の中のかなりの部分は暗闇の中でもしばしば色の区別なしに物体を見分ける。しかしその中の極くわずかな者は、物体の色さえも見分ける。……かなりの数の学者や医師が、私の暗室の中で私の知っている二人の典型的な暗闇の適応者によって……観察された。そしてその観察と描写の正しさを、観察された誰も疑うことができなかった。……色彩を知覚する暗闇の適応者たちは、額と頭の前面に青色を、右側面にも同様に青色を、そして左側面に赤や、時には……橙がかった黄色を見た。背後にも同じ区分と同じ色合いがあった。」

ところが霊学者が「オーラ」について語ると、それ程安易に容認しようとはしなくなる。今これを引用したのは、現代の自然科学のもっとも興味ある部分に属するベネディクトのこの論述に対して、ここで何らかの態度を明らかにするためでもなく、しばしば好んで為されるように、霊学を自然科学によって「弁護する」のに好都合な機会として利用するためでもない。ただ、或る場合には自然科学者も、霊学の主張とそれ程似ていなくもない主張をすることがありうる、ということを指摘する必要があったからである。しかしその際にも強調しておく必要があるのは、本書が霊的に理解しているオーラと、ベネディクトが物理的方法で研究しているオーラとが、まったく別のものであるということである。「霊的オーラ」が外的自然科学的手段でも研究できると思うなら、ひどい錯覚に陥ることになる。霊的オーラは（本書の最後の章が述べているような）認識の小道を歩んだ霊視だけによって知覚される。霊的に知覚されうる現実性が感覚的に知覚されうる現実性と同じ方法で証明されねばならないという主張は、誤解に基づいたものというべきである。

付録

付録 一

私がカントに関心を抱くようになったのは、非常に若い頃だった。一五、六歳の頃には、カントの研究に熱中していた。そしてウィーン大学に入る以前に、一九世紀初頭の正統的なカントの後継者たちと真剣に取り組んでいた。当時この後継者たちは、アカデミックな学問からまったく忘れ去られ、その名さえ、もはやあげられることがほとんどなかった。次いで、フィヒテとシェリングに没頭する時期が続いた。この時期に、——外から来たオカルト的影響を通して——時間の流れについてのまったく明瞭な認識が獲得できた。この認識は、今述べた研究とはまったく関連をもたないオカルト的生活の中から、導き出された。それは、前進する時の流れとともに、それに遡行する流れ、つまりオカルト＝アストラル的な時間の展開もまた存在するという認識だったが、この認識こそ、霊的直観をもつための条件なのである。

次いで導師《マイスター》の仲介者《エージェント》の知遇を得た。

次いでヘーゲル研究と、五〇年代以降のドイツ近代哲学、特にこの時期に発展した「認識論」の細部にわたる研究。

誰もそう意図した訳ではなかったのに、少年時代の私に迷信を吹きこもうとする者は、誰もいなかった。私の家では、迷信的な事柄を語ると、すぐに激しい反発をうけた。私は教会の礼拝に行き、ミサのいわゆる侍者を勤めた。けれども、真の宗教にふさわしい敬虔な精神をもっている司祭はどこにもいなかった。むしろ逆に、カトリック聖職者の或る種の影の側面が、ますますはっきり目に映るようになった。

導師との出会いは即座に生じたのではなく、最初は或る人物が彼から送られてきた。この人は、一切の植物の薬効に詳しく、植物だけではなく、自然界全般と人間との関連の神秘にも深く通じていた。彼にとって、自然霊と交わるのは自明のことであり、それを当然のことのように話題にしたので、ますます私の驚嘆を呼び起した。

大学では数学、化学、物理学、動物学、植物学、鉱物学、地質学を学んだ。当時ドイツの大学生活の中で、歴史や文芸学は、霊的世界観の基礎づけのための特定の方法や有効な展望をもちえなかったから、以上の学問の方が、はるかに確実なそのための拠り所となってくれた。

ウィーンで大学生活をはじめて間もなく、カール・ユリウス・シュレーアーの知遇を得た。はじめ私は、ゲーテ以後のドイツ文学史、ゲーテとシラー、一九世紀ドイツ文学史、ゲーテの『ファウスト』の講義をきいた。さらに「研究発表と論文作成のための演習」にも参加した。これはテュービンゲン大学におけるウーラントの方式に従った、独特の授業方法だった。シュレーアーはドイツ言語学の専門家であり、オーストリアのドイツ語方言に関して重要な研究業績をあげた学者である。彼はグリム兄弟の学派に属し、文学史研究においては、ゲルヴィヌスの崇拝者だった。以前は、ウィーンのプロテスタント系諸学校の校長をつとめていた。父は非常にすぐれた教育者でもあった詩人クリスチャン・エーザーである。私が知った頃、彼はゲーテ研究に没頭していた。ゲーテの『ファウスト』について評判の高かった註釈書をあらわし、ゲーテの他の戯曲についても研究論文を書いた。まだドイツ観念論が影響力を失う以前に、彼はライプチヒ、ハレ、ベルリンの諸大学に学んだ。ドイツの高雅な詩的伝統の体現者だった彼の中には、人間性の理想が生きていた。私は間もなく彼の家に親しく出入りするようになった。彼の家は乾燥した唯物論的ドイツ文化の知的砂漠における理想主義のオアシスのようなところだった。外ではその頃、オーストリア領内の諸民族間に争いが絶えなかった。

シュレーアーは自然科学にあまり興味をもっていなかった。しかし私はその頃、つまり一八八〇年代の初め頃から、ゲーテの自然科学研究に没頭した。

ヨーゼフ・キルシュナーが膨大な『ドイツ国民文学』叢書を計画した時、シュレーアーはその中のゲーテの戯曲の校訂を受けもち、その解説と註釈を書いた。キルシュナーはシュレーアーの推薦をうけた私に、ゲーテの自然科学論文の校訂を依頼した。シュレーアーはこのために序文を書いてくれたが、この序文によって彼は私を文筆の世界に送り出してくれたのだった。

私はこの叢書の中で、ゲーテの植物学、動物学、地質学および色彩論のための解説を書いた。

これらの解説を読めば、すでにその中に観念論の衣裳をまとった神智学の諸理念が表現されていることに気づくであろう。

またそこにはヘッケルに対する私の立場も表現されている。

一八八六年に書いた私の認識論研究『ゲーテ的世界観の認識論要綱』はこれらの解説に対する哲学的な補足であるともいえる。

次いで私は、オーストリアの閨秀詩人マリー・オイゲーニェ・デレ・グラチエを知り、彼女を通してウィーン大学の神学教授グループと交わるようになった。M・E・デレ・グラチエはラウレンツ・ミュルナー教授を父親のように愛していた。彼女はすでに叙事詩の大作『ロベスピエール』と戯曲『影』を書いていた。

八〇年代の終りの一時期、私はウィーンの『ドイツ週報』の編集長をつとめた。この仕事は専らオーストリア領内の諸民族の魂と深く係わる機会を与えてくれた。これらの諸民族のために文化政策上の指導原理が見出されねばならなかったのである。

このような社会活動の中ではオカルト的立場を外に示す機会が全然なかった。私の背後の導師達は、「すべてを観念論哲学等の衣裳でつつむこと」だけを私に忠告していた。

これと並行して、私は一五年間家庭教師の仕事を続けた。

ウィーンの神智学者グループとの出会いは、八〇年代の末に始まったが、彼らから特に影響を受けるまでには至らなかった。

ウィーン時代の最後の数カ月の間、私は『新しい美学の父としてのゲーテ』という論文を書いた。

私はゲーテの自然科学論文の校訂・出版のために、ワイマールに創設されたゲーテ＝シラー文庫に呼ばれた。文庫で専任の職を得たのではなく、「ゾフィー版」のゲーテ大全集のための共働者として仕事を引き受けたに過ぎなかったけれども。

ワイマールにおける私の当初の目標は、自分の世界観の基礎づけを哲学的に行うことだった。その結果として、『真理と科学』と『自由の哲学』の両著作が生れた。

ゲーテ＝シラー文庫は内外多数の学者、文学者その他の来訪をうけた。私はゲーテ＝シラー文庫の館長ベルンハルト・ズーファン教授と親しくなり、彼の家によく出入りするようになったので、来訪者の何人かを個人的にもよく知るようになった。ズーファンは文庫を訪問する人々との個人的な会見にも私を同席させた。このような機会にトライチュケを知るようになった。

当時、神話学者で『スフィンクスの謎』の著者ルードヴィッヒ・ライストナーとも親交を結ぶようになったが、その後間もなく彼は世を去った。

ヘルマン・グリムとも度々面談する機会があった。彼は未完に終った著書『ドイツ的想像力の歴史』について、いろいろと私に語ってくれた。

次いでニーチェとの関係が生じた。その少し前、ニーチェに反対の立場から言及したことがあったが、それは私が時代の流れの中に目立たずに、真の霊的内容を注ぎ込む必要をオカルト的に感じていたからであった。しかしもしも誰かが自分の出来上がった立場を絶対的に貫こうとするなら、正しい認識には到達しない。異質の精神の流れの中に自己を没入させなければならない。

その意味で私のニーチェ論は書かれた。私は自分をまったくニーチェの立場においた。だからこの本は、ニーチェについて書かれたドイツ語の本の中で、もっともニーチェに即したものだったといえるであろう。反ヴァーグナー主義者であり、反キリスト者であるニーチェについても、まったくそのようなニーチェの立場から評価されている。このことから私はしばらくの間、もっとも「無条件的なニーチェ主義者」と考えられていた。

当時ドイツで「人倫文化協会」が設立された。この協会は道徳を一切の世界観からまったく無関係なところに求めていた。完全な空中楼閣と教養主義の危険がそこにあった。私はこの創設に反対して週刊誌『未来』の中で手きびしい論評を行ったが、その結果激しい反発を呼び起した。そして私のそれまでのニーチェとの関係が持ち出された。私に対する反論は、「ニーチェ馬鹿」というタイトルをもっていた。

オカルトの立場は「決して不必要な論戦をしないこと」と、「たとえそうすることができても、自分を弁護しないこと」を要求している。

私はこの反論に係わり続けるのをやめ、『ゲーテの世界観』を書いた。これがワイマール時代の最後の仕事となった。『未来』に私の論文が出たあと、ただちにヘッケルが私の側に立った。彼は二週間後の『未来』に寄稿し、道徳は何らかの世界観の土壌にしか育つことができない、という私の立場に公然と味方した。

その後程なくして、ヘッケルの六〇歳の誕生日が来た。イエーナでは大きな祝宴が催され、ヘッケルの友人達はそれに私も招待してくれた。はじめて会ったヘッケルは実に魅力に富んだ人物で、個人としての印象は、著作の論調とは正反対だった。もしもヘッケルが、素人っぽいというよりもむしろ子どもっぽいくらいの彼の哲学的素養を、もう少し深めることができたなら、あの画期的な系統発生研究から最高の霊学的結論を必ず引き出すことができたであろう。

事実、一切のドイツ哲学、一切のドイツ文化の成果を含めても、ヘッケルの系統発生思想は、一九世紀後半におけるドイツ精神史上のもっとも重要な業績である。そしてこのヘッケルの教義以上に優れたオカルティズムの科学的な基礎づけは存在しない。ヘッケルのこの教義はまことに偉大であるが、ヘッケル自身はこの教義の最悪の註釈者である。だから文化の発展に必要な、われわれの為すべき行為は、ヘッケルの思想の欠陥を世間に指摘して見せることではなく、ヘッケルの系統発生思想の偉大さを明らかにすることである。そしてこのことがヘッケルに捧げた『一九世紀の世界観と人生観』二巻と小冊子『ヘッケルとその敵』の中で私の行おうとしたことなのである。

哲学がもはや救いようもなく不毛な状態にあり、神学が偽善の産物であることにみずから全然気づこうとせず、そして諸科学が、経験上の偉大な発展にもかかわらず、荒涼とした哲学的蒙昧に陥っている中で、ヘッケルの系統発生論においては、真のドイツ的霊性が依然として生きている。私は一八九〇年から一八九七年まで、ワイマールにいた。

一八九七年ベルリンに移り、『文芸雑誌』(Das Magazin für Literatur)の編集責任者となった。『一九世紀の世界観と人生観』並びに『ヘッケルとその敵』の両著作は、すでにベルリン時代に属する。

私の次の仕事は、文芸の領域での霊的な流れを有効なものにすることだった。『文芸雑誌』がこの課題のために役立ってくれた。この雑誌は一八三二年以来存続し、多様な段階を通過してきた伝統ある機関誌だった。

私はこの流れを、徐々にエソテリックな方向へ導いていった。慎重に、しかし明瞭に。この目的のために、ゲーテ生誕一五〇年の機会に、「ゲーテの隠された啓示」と題する論文を書いたが、これはゲーテの「緑蛇と百合姫の童話」についてすでにウィーンで行った公開講演の内容に基づくものである。

このような編集方針の結果、『雑誌』には次第に特定の読者層が形成された。『雑誌』はこのようにして経理上も採算がとれるところにまできた。私は新しい文学の方向に霊的基礎づけを与えようと思った。そしてこの方向のもっとも有望な代表者たちと極めて活発に交わった。しかし私は結局は孤軍奮闘せざるをえず、この方向もやがて虚無か自然主義の中にみずからを失っていった。

その間すでに労働者階級との結びつきが始まった。私はベルリン労働者学校（Berliner Arbeiterbildungsschule）の講師になった。私は歴史と自然科学を担当した。私の徹底した理想主義的歴史考察と私の授業方法は、まもなく生徒たちから愛され理解されるようになった。受講者は増えていった。私はほとんど毎晩講義に呼ばれた。

その頃私は、自分の背後のオカルト的諸存在の要求と一致して、自分に対して次のようにいえるようになった。――お前は世界観に哲学的基礎づけを与えた。お前は現代の諸思潮に理解を示し、その完全な信奉者だけに可能な仕方で時代思潮を論じた。このオカルティストは時代の哲学的、自然科学的成果を知らないので、霊界のことをこのように語るのだ、とはもう誰もいえない筈だ。

私はすでに四〇歳に達していた。導師たちによれば、どのような人も四〇歳になる以前に公然とオカルティズムの教師になることは避けるべきなのである。(誰かがそれ以前に教えを説く場合、常に誤謬の危険にさらされる。)

今や私は公然と神智学に自分を捧げることができた。その結果、ドイツ社会主義の或る指導者たちの求めに応じて、労働者学校の総会が招集され、マルクス主義と私との間に決断が下されることになった。しかし投票の結果は、私を否定しなかった。総会では四票を除く全票が、私に授業を続けさせる方を支持したのである。

しかしこの指導者たちのテロリズムが、その三カ月後には私を退職せざるをえないようにさせた。学校側は係わり合うのを恐れて、事情を隠し、私が神智学運動に忙しくなり、労働者学校に十分時間をさくことができなくなったのだと説明した。

神智学の仕事では、そのほとんど最初から、マリー・フォン・ジーフェルス嬢が私と一緒だった。彼女は個人的にも、ベルリン労働者学校と私との最後の経緯を見守っていてくれた。

付録　二

一九〇一年から一九〇七年もしくは〇八年まで、私の魂の一切の能力は、霊界から立ち現れてくる諸現実に向き合っていた。この霊界体験の中で、特定の認識内容が生じてきた。『神智学』のような書物を構築するときには、多くのことを体験する。そのような諸体験のさ中で、私は、科学的思考との関連を失わぬように、一歩毎に歩みを進めていくことに努めた。そして、霊的体験の深化と拡大とに努めながら、その時々の体験内容にふさわしい表現形式を求め続けた。『神智学』は、人間の本性の記述から「魂界」と「霊界」の記述へ移行するに従って、表現上まったく別の調子をとりはじめる。

人間の本性を記述するとき、私は経験科学の成果から出発している。私は人間学を深化して、人間の有機体の多層的構造を明らかにしようと努めている。人体のそれぞれ異なる組織の在り方に応じて、どれほど異なる仕方で霊と魂の本性がこの人間有機体を貫いているかが、そこに表現されている。生命活動が組織の形態を貫いているところには、エーテル体の作用が認められる。感覚や知覚の諸器官をもつ身体組織はアストラル体を指示している。私はこれらのエーテル体、アストラル体、さらには自我等の人間の存在部分を、霊的現実として霊的に直観していた。これらの存在部分を表現するために、私は経験科学の成果から出発しようとしたのである。

科学的態度をとろうとする者にとって、輪廻転生とそこから生じる運命とを表現することは、決して容易な業ではない。霊視内容をただ記述するだけに留めようとしないなら、それに関する諸理念が扱われねばならない。このような諸理念は、感覚界を十分綿密に観察すれば推察できるものでありながら、しかも一般にはまだ知られておらず、理解もされていないような諸理念でなければならない。綿密に観察するなら、人間は動物とは異なる組織や進化を示しているが、人間と動物との間のこの微妙な区別を観察することからこそ、転生の理念を取り出すことができるのである。しかし一般には、この理念をこのような仕方で取り出すことが極めて困難であるため、それを人生そのものからではなく、恣意的な解釈から、もしくは安易に古代の世界観から取り出してきた。私はこの困難にまったく意識的に立ち向い、この困難と戦った。もし私がどれ程『神智学』の各版毎に、転生についての章を繰り返し書き改め、それによって転生の真実を感覚界の観察から得た諸理念と結びつけようとしてきたかを確かめてみるなら、科学的方法によっても承認されうるような表現を獲得するために払ってきた私の努力を理解してくれるだろう。

「魂界」と「霊界」の章で扱われた事柄は、この点もっと困難だった。この章まで読み進んできた読者は、ここで表現された事実を、恣意的な主張だと思うかも知れない。しかし感覚界の観察との関連において論じられた部分の中に、超感覚的諸理念そのものを体験できた読者は、別であろう。その人は、このような独立した内的生活の諸理念を感覚と結びついた状態から切り離して体験した筈である。その人には以下のような魂のいとなみがその心の中に生じる。——まず理念が生命をもちはじめる。理念そのものが、魂の内部で活動し作用する。その人は、感覚を通して色や音や熱の印象を体験するように、理念を体験する。そして色、音等において自然界が現れるように、そのようにして体験された理念の中で、霊の世界が現れる。

私の『神智学』の前半の論述を読んでも、このような内的体験の力づけが感得できず、理念体験に何の変化も認められないなら、換言すれば、前半の論述を読んだ後でも、まるで『神智学』を「魂界」の章から読みはじめるかのように、後半の部分に向うなら、その読者は拒否することしかできないであろう。それがどんなに真実の内容であっても、証明されえぬ主張を押しつけられているとしか思えないであろう。しかしこの書は、内的体験を通して受容されるように、意識的に書かれている。そのように受容されるなら、一歩毎に、一種の理解が生じてくる。この理解の度合は、非常に稀薄なものであるかも知れない。しかしこのことが存在するということ、存在すべきであるということ、それが大切なのでである。

このような場合にのみ、『いかにして超感覚的世界の認識を獲得するか』の中で記述した「行による深化」が可能になるのである。そしてこの行による深化が、この理解を確固としたものにする。霊的認識の道を前進するには、このような過程が不可欠である。正しく書かれた人智学の書は、読者の中に霊的生命を喚起するためにあるのであって、特定の量の情報を提供するためにあるのではない。人智学の書を読む行為は、単なる読書というよりは、内的震撼と緊張と解放感とを伴った体験であるべきなのである。

私は、自分が書物に賦与しようとした内的力が、読者の魂にこのような体験を喚起するのに、まだどれ程力不足であるかを知っている。しかし私はまた、自分の書物のどの頁にも、そうしようと努めた私の戦いがこめられていることも知っている。私は自分の主観的感情生活を感知させるような文体を用いていない。私は執筆中、感情の深みから発する情念を、乾燥した数学的文体によって鎮めた。しかしこのような文体こそが喚起者たりうる。なぜなら、読者は自分で自分の中に、熱と感情とを目覚めさせねばならないからである。読者が冷たい熟慮の中に留まる限り、熱と感情とを著者から自分の中へ安易に流し込ませることはできない。

訳者の解説とあとがき

巻末に、付録一、付録二として、ルドルフ・シュタイナー自身のかなり長文の文章を紹介した。履歴書的スタイルで書かれた付録一は、一九〇七年九月、親しい友人だったフランスの神秘学者で、ヴァーグナー研究者としても著名なエドゥアール・シュレーのために、アルザスの霊地オディリエンベルク山麓にあるバルに滞在中書かれた三部よりなる、いわゆる『バル文書』第一部の全訳である。シュレーはこれを自ら仏訳したシュタイナーの『神秘的事実としてのキリスト教と古代秘儀』（一九〇二年）の序文のための資料に用いた。したがって長らく一般には公開されず、一九六五年の四月、『ルドルフ・シュタイナー遺稿刊行会報』誌上にはじめて紹介された。シュタイナーが自分自身を語った文章、講演筆記録は他にいくつかあるが、『神智学』成立以前の、四〇歳までの自己の内面の歴史を、彼がこれ程簡潔にしかも立ち入って記した例はない。

われわれの認識の努力は、太古の伝統の上に立つ神秘学的立場に立つ場合にも、近代科学の方法とその成果とを無視しては成り立ちえない。しかし「科学性」(Wissenschaftlichkeit)の精神は、われわれの魂の本質的要求に応えることができない。このことはすでに二〇世紀初頭以来、繰り返し問題にされ続けてきた。たとえばギデオン・シュピカーは『キリスト教時代の転換期を迎えて』(一九一〇年)という小冊子の中で、「今日われわれは、超越的確信をもたぬ形而上学をもっている。更にわれわれは客観的意味をもたぬ認識論、魂をもたぬ心理学、人間的結びつきをもたぬ倫理学をもっている」と述べた。現代の人間が近代科学の立場に立って人間像を作ろうとすれば、その人間は基本的には、たとえ獣そのものではないにしても、それに近い原人でしかない。この原始的人間が時代とともに、環境との戦いの中で、次第に発展を遂げ、進歩し、たとえその時々に不幸や破局を招来するにしても、はるかな未来においては、ますます完全な文化を形成していく。しかしこの薔薇色の未来幻想の中に生きる人間は、自分の生が野の草花のように、花咲き、凋み、そして消えていくという、許しがたい観念を受け容れなければならない。未来社会が薔薇色に輝けば輝く程、個人の存在は荒涼としてくる。しかしだからといって、近代科学の方法と成果を否定するのではなく、その中を誠実に生きぬくことによってこそ、この荒涼とした観念に対する唯一の学問的アンチテーゼたりうる神秘学も、あらためて人間とは何かを問う新しい視点を獲得することができる。付録一は神秘学者ルドルフ・シュタイナーのこの基本姿勢と、この視点から書かれた新しい人間学の書『神智学』の成立にいたる彼の二〇年間の努力とを具体的に知るためのもっとも貴重な資料のひとつになりうる。

『神智学』では、冒頭からただちにフィヒテの言葉がでてくるが、自我の本質は西洋思想史上、フィヒテによってはじめて哲学的に解明された。自我を哲学的に把握しようとする態度は、一九世紀後半にはほとんど忘れられてしまったが、フィヒテの意味での自我の上に立ってこそ、はじめて近代的オカルティズムの文化を開花させることができるということ、これがシュタイナー的人間観の、したがって彼の『神智学』の、根幹神経である。

シュタイナーがこの立場を自分のものにすることができたのは、付録一が述べているようにエソテリックな体験からだった。「代理人」となった採薬師フェリックス・コグツキー（一八三三―一九〇九年）とシュタイナーが最後までその名を明かさなかった「マイスター」とから、若きシュタイナーはクリスティアン・ローゼンクロイツ以来のヨーロッパ・オカルティズムの精神を近代文化の中に再生させる委託をうけ、その準備のために四〇歳になるまでの前半生を捧げた。付録一にあるように、「マイスター」は四〇歳になるまで、オカルト的領域で指導的立場に立たぬように、と彼に忠告していた。事実、一九世紀から二〇世紀への転換の年、彼は三九歳になっていたが、その頃ドイツには、ヒュッベ＝シュライデンを編集人とする有名な『スフィンクス』（一八八六―一八九六年）その他のオカルト主義の雑誌があり、エドゥアルト・フォン・ハルトマン、デソワール、キースヴェターその他の著名な学者の名もその執筆者の中に見出されるのに、ルドルフ・シュタイナーの名だけがまったく見当らない。一八九九年までのベルリンにおけるシュタイナーは、反教権的なニーチェ主義者、ヘッケル的一元論者、個体主義的アナーキスト、プロレタリア思想家として、オカルティズムとはまったく別の世界に生き、文芸評論家として、すべての神秘学的内実を、もっぱら近代思想の奥底からいわば透し彫り的に輝き出るように表現しようと努力していた。

しかし一八九九年に、別の時代的要請が外から彼に係わってきた。この年の或る日、啓示をうけて、それまでの酒とボヘミアン的生活とから一気に訣別した彼は、ゲーテ生誕一五〇年を記念して、『文芸雑誌』誌上に発表した「ゲーテの隠された啓示」の中で、ゲーテの「童話」との関連において、はじめてエソテリックな内容を論じた。その結果、一九〇〇年の九月になって、彼は突然、ベルリン神智学協会の中心人物ブロックドルフ伯爵夫妻に招かれ、シャルロッテンブルクのカイザー・フリードリヒ街五四番地aの邸宅にある神智学文庫で講演するように依頼された。はじめ彼はニーチェについて、次いでふたたび「ゲーテの隠された啓示」について、続いてその冬中を通して、「近世初期の精神生活における神秘主義と近代世界観に対するその関係」（一九〇一年に単行本として出版）について語った。翌年の冬もまた彼は招かれ、付録一との関係で触れた「神秘的事実としてのキリスト教と古代秘儀」について語った。これが彼と神智学との本来の出会いのはじまりである。

はじめてブロックドルフ家でニーチェについて語ったとき、彼の印象によれば、はじめて霊的問題をまともに受け容れようとする人びとの前で話す機会を見出したと思った。他の機会には、それが「ジョルダーノ・ブルーノ同盟」であれ、『文芸雑誌』であれ、『来るべき人々』であれ、『社会』であれ、読者、聴衆はもっぱら文学的、知的な関心を寄せ、彼自身の心のもっとも大切な部分、霊界への衝動に対しては理解をもとうとしなかったのに、神智学協会の中にはそれがあった。だからふたたび招かれて「ゲーテの隠された啓示」について語ったときは、一年前に『文芸雑誌』に発表したときとは異なり、まったく率直に、神秘学的立場からの話ができた。「それまで、私はベルリン時代の状況の中で、霊的内容を私の表現を通して輝き出させるしかなかったが、今や霊界から刻印づけられた言葉で語ることができたのは、私にとって重要な体験だった」(『自伝』第三〇章)。当時彼はゲーテの小説『ドイツの移民たちの会話』の最後の部分をなす「緑蛇と百合姫の童話」に没頭し、ゲーテのオカルティズムの最奥の世界を表現しているそのイマジネーションから霊界へ参入する道を辿っていた。

この時点では彼はまだブラヴァツキー夫人の主著を読んでいなかったらしい。彼はウィーン時代から、著名な神智学者たちと個人的に親しく付き合っていたが、しかしこれらの人々の思想をむしろ近代主義の立場から批判していた。特に東洋古代の叡智を、批判哲学の認識の成果を素通りして、直接西洋の近代思想の基礎におこうとする態度には賛成できず、フランツ・ハルトマンの著書に対する辛辣な批評を『文芸雑誌』に書いたりした。「そしてハルトマン以外に私が入手できた（神智学の）文献も、大抵は方法と基本的態度において、全然共感できなかった。私の立場からそこに結びつきうる可能性はどこにもなかった」（『自伝』第三〇章）。だからブロックドルフ家で彼が近世神秘主義の歴史を論じたときも、まったく彼自身のラディカルな問題意識をもって臨んだのだが、それにもかかわらず、心からそれを受け容れてくれる人々を見出したとき、彼は『文芸雑誌』の仕事を他の人々の手に委ねてもいいと思った。そして実際、一九〇〇年九月末、彼はそれを実行することで、時代の支配的な文化から訣別した。当時「神智学者」として刻印づけられることは、学者、文筆家にとって致命的なことだったが、やがてマイスターとの約束の四〇歳を迎えるときに至って、霊的内容の伝達という使命をまっとうするために、神智学協会と結びつきをもつことの必然性を痛感した。彼は時代思潮の主流から離れるに当って、いわばその告別の辞として、二冊にまとめた『一九世紀の世界観と人生観』（一九〇〇―一九〇一年）を書いた。この時点であらためて有名なブラヴァツキー夫人の晩年の主著『秘密教義』（一八八五―一八八九年）を、その秘教篇である第三部をも含めて研究した。そして当時のもっともアクティヴな神智学協会のメンバーであり、後にシュタイナー夫人として、ドルナハの芸術運動、特に舞台芸術の中心的存在となったマリー・フォン・ジーフェルス（一八六七―一九四八年）と出会い、一九〇一年一一月一七日、彼女と決定的意味をもつ話し合いをした結果、彼女の協力を前提として、ドイツ神智学協会のために生涯を捧げる決心を固めた。

付録二は、一九〇一年から一九〇七、〇八年にいたるまで、シュタイナーがどんなに強烈な霊的体験の中を生きていたか、そしてその体験内容に近代的思惟の訓練をうけた人々に受け容れられる形式を与えようとどれ程努めたか、を率直に物語っている。その努力はなかんずく一九〇一年から死の床についた一九二四年の秋までの六千に及ぶ講演の一つひとつの中にこめられているといえるが、その最初の記念碑的著述が一九〇四年に書かれ、そして出版された本書『神智学』なのである。本書は四部形式をとっているが、その第四章「認識の小道」は、シュタイナーが一九〇四―一九〇五年、雑誌『ルチフェル＝グノーシス』に連載した『いかにして超感覚的世界の認識を獲得するか』（一九〇九年単行本として出版）によって公開されたローゼンクロイツ派の行法の根本を、凝縮した形で述べたものである。ここには、すでに一八九四年の『自由の哲学』の中で、人間にふさわしい唯一の態度として要請された精神の自由が霊的認識の行法にとっても唯一のふさわしい態度であるという彼の基本姿勢が、静かに、しかし断乎として語られている。霊的認識能力は決して一般に考えられているように、選ばれた者だけに生来そなわっているものではなく、すべての人の心の中に内在している。そしてこの能力の開発は、決して動物的、本能的な能力の開発なのではなく、人間精神のもっとも高貴で自由な部分である「自我」の潜在的能力の開発なのである。

「認識の小道」の章の最後に、シュタイナーは「霊的現実を直接体験するにふさわしい魂の気分は、普遍的要求として生活全般にまで拡げることはできない」と述べている。これと関連して一言つけ加えておけば、認識の行も滝の行と同じように、一日中続けることはできない。それは日常生活の中に異質の非日常的生活を作り出す行為なのだから、道徳生活の場合とはまったく異なり、特定の時間を自分で選んで、その時間内でのみ、集中的に行じるべき事柄なのである。一見、実践するのが非常に困難に思えるこの章の内容も、この意味で理解されねばならない。

最後に、付録二の終りの部分に述べられている『神智学』の文体について触れておきたい。「人智学の書物は、内的体験を通して受容されるように、意識的に書かれている」ということは、曼荼羅形式をもって書かれているということでもある。特に第三章で魂界、霊界という地上的現実の世界とまったく異質の、それ故対応させるべきものをそこに見出すことのできぬ世界を叙述する場合、シュタイナーはまったく徹底して、言葉による曼荼羅像を、七部形式を繰り返しながら、描いている。それはこの形式がイメージを心の中に確保し、イメージが心の中で生命を得て活動し成長することができる最良の表現方式だからである。だからこそ「正しく書かれた人智学の書物は、読者の中に霊的生命を喚起するためにあるのであって、特定の量の情報を提供するためにあるのではない」と彼は書いた。

なお、訳語の問題に関していえば、特に一番基本になる霊（Geist）、魂（Seele）、体（Leib）の三概念をできるだけ固執するように務めた。学問の領域では、従来、精神、心（理）、身体という用語はあっても、霊、魂、体という用語はめったに使わない。したがって精神科学、心理学、身体性という言い方はしても、霊学、魂界、体性等の用語はなく、これらの言葉に接する読者は違和感を当然憶えると思う。しかし厳密であることを何よりも大事にする近代科学も、精神と心の区別だけは依然として曖昧なままにしており、その結果、しばしば非常な混乱に陥っている。精神はむしろ精霊、精魂と結びつく言葉であるが、今日では本書に述べられている霊的内容もしくは霊的本性ではなく、人類文化の生み出した文化価値の総体として理解されることが多く、更には、心を含めて、非身体的な人間本性一般についていわれている。したがって訳者は、精神と心というこの普及している両概念の使用を、もっとも厳密に区別する必要のある基本概念としては、できるだけ避けた。その結果、上述したような耳なれぬ用語をあえて使用せざるをえなかった訳である。

高橋　巖

一九八八年二月一五日　町田にて

文庫版のための訳者あとがき

このたび、『神秘学概論』に続いて、シュタイナーの主著のひとつ『神智学——超感覚的世界の認識と人間の本質への導き』が、「ちくま学芸文庫」に加わることになりました。この機会に、もう一度、原文と比較しながら、より読み易い訳文になるように、全体に手を加えました。そして例えば、「表象」のような学術用語は用いないように心掛けました。

本書がシュタイナーの生涯の著作活動の中で、どのような位置を占めるかについては、すでに旧版の訳者あとがきに記した通りですが、今回、本書を通読してあらためて感じましたのは、記述の仕方のユニークさです。シュタイナーは「第三版のまえがき」の中で、次のように書いています。「本書は今日一般に行われているようには、書かれていない。どの頁も、個々の文章が読者自身の精神的作業によって読み解かれるのを待っている。意識的にそう書かれている。」

この点は、シュタイナーが深く敬愛していたニーチェの文体と似ているように思いますが、読者に一定の知的な予備的作業を求めていないのです。聖書やキリスト教の伝統文化を知らなくても、近代哲学の教養がなくても、東洋人でも西洋人でも、まったく同じように、読者は、それぞれの生活経験と内的要求に従って、どのようにでも自由に、内容を判断できるように述べられています。或る中学生が或る大学教授よりも、より深く本書を理解することさえ、まったく可能なのです。この一書は、ひとつの開かれた世界を形作っており、読者がその世界にどう参入するかは、まったく読者の自由に委ねられています。

そのような自由なる未知の読者一人ひとりに、文庫本となったこの書を託す機会を与えられたことに、ひそかなよろこびと誇りを感じています。

おわりに筑摩書房の皆さま、特に編集を担当してくれた渡辺英明さんに、心から感謝申し上げます。

二〇〇〇年六月六日　町田にて

高橋　巖

本書の初版は一九七七年七月三〇日、イザラ書房より刊行された。

神秘学概論
ルドルフ・シュタイナー
高橋巖 訳

宇宙論、人間論、進化の法則と意識の発達史を綴り、シュタイナー思想の根幹を展開する——四大主著の一冊、渾身の訳し下し。（笠井叡）

神智学
ルドルフ・シュタイナー
高橋巖 訳

神秘主義的思考を明晰な思考に立脚した精神科学へと再編し、知性と精神性の健全な融合をめざしたシュタイナーの根本思想。四大主著の一冊。

いかにして超感覚的世界の認識を獲得するか
ルドルフ・シュタイナー
高橋巖 訳

すべての人間には、特定の修行を通して高次の認識を獲得できる能力が潜在している。その顕在化のための道すじを詳述する不朽の名著。

自由の哲学
ルドルフ・シュタイナー
高橋巖 訳

社会の一員である個人の究極の自由はどこに見出されるのか。思考は人間に何をもたらすのか。シュタイナー全業績の礎をなしている認識論哲学。

治療教育講義
ルドルフ・シュタイナー
高橋巖 訳

障害児が開示するのは、人間の異常性ではなく霊性である。人智学の理論と実践を集大成したシュタイナー晩年の最重要講義。改訂増補決定版。

人智学・心智学・霊智学
ルドルフ・シュタイナー
高橋巖 訳

身体・魂・霊に対応する三つの学が、霊視霊聴を通じた存在の成就への道を語りかける。人智学協会の創設へ向け最も注目された時期の率直な声。

ジンメル・コレクション
ゲオルク・ジンメル
北川東子 編訳
鈴木直 訳

都会、女性、モード、貨幣をはじめ、取っ手や橋・扉にまで哲学的思索を向けた「エッセーの思想家」の姿を一望する新編・新訳のアンソロジー。

私たちはどう生きるべきか
ピーター・シンガー
山内友三郎 監訳

社会の10％の人が倫理的に生きれば、政府が行う社会変革よりもずっと大きな力となる——環境・動物保護の第一人者が、現代に生きる意味を鋭く問う。

自然権と歴史
レオ・シュトラウス
塚崎智／石崎嘉彦 訳

自然権の否定こそが現代の深刻なニヒリズムをもたらした。古代ギリシアから近代に至る思想史を大胆に読み直し、自然権論の復権をはかる20世紀の名著。

法の概念〔第3版〕
H・L・A・ハート
長谷部恭男訳
法とは何か。ルールの秩序という観念でこの難問に立ち向かい、法哲学の新たな地平を拓いた名著。批判に応える「後記」を含め、平明な新訳でおくる。

生き方について哲学は何が言えるか
バーナド・ウィリアムズ
森際康友／下川潔訳
倫理学の中心的な諸問題を深い学識と鋭い眼差しで再検討した現代における古典的名著。倫理学はいかに変貌すべきか、新たな方向づけを試みる。

思考の技法
グレアム・ウォーラス
松本剛史訳
知的創造を四段階に分け、危機の時代を打破する真の思考のあり方を究明する。『アイデアのつくり方』の源となった先駆的名著、本邦初訳。（平石耕）

ポパーとウィトゲンシュタインとのあいだで交わされた世上名高い10分間の大激論の謎
デヴィッド・エドモンズ／ジョン・エーディナウ
二木麻里訳
このすれ違いは避けられない運命だった？　二人の思想の歩み、そして大激論の真相に、ウィーン学団の人間模様やヨーロッパの歴史的背景から迫る。

言語・真理・論理
A・J・エイヤー
吉田夏彦訳
無意味な形而上学を追放し、〈分析的命題〉か〈経験的仮説〉のみを哲学的に有意義な命題として扱おう。初期論理実証主義の代表作。（青山拓央）

大衆の反逆
オルテガ・イ・ガセット
神吉敬三訳
二〇世紀の初頭、《大衆》という現象の出現とその功罪を論じながら、自ら進んで困難に立ち向かう《真の貴族》という概念を対置した警世の書。

啓蒙主義の哲学（上）
エルンスト・カッシーラー
中野好之訳
理性と科学を「人間の最高の力」とみなし近代を準備した啓蒙主義。「浅薄な過去の思想」との従来評価を覆し、再評価を打ち立てた古典的名著。

啓蒙主義の哲学（下）
エルンスト・カッシーラー
中野好之訳
啓蒙主義を貫く思想原理とは何か。自然観、人間観から宗教、国家、芸術まで、その統一的結びつきを鋭い批判的洞察で解明する。（鷲見洋一）

近代世界の公共宗教
ホセ・カサノヴァ
津城寛文訳
一九八〇年代に顕著となった宗教の〈脱私事化〉。五つの事例をもとに近代における宗教の役割と世俗化の意味を再考する。宗教社会学の一大成果。

死にいたる病
S・キルケゴール
桝田啓三郎訳
死にいたる病とは絶望であり、絶望を深く自覚し神の前に自己をすてる。実存的な思索の深まりをデンマーク語原著から訳出し、詳細な注を付す。

世界制作の方法
ネルソン・グッドマン
菅野盾樹訳
世界は「ある」のではなく、「制作」されるのだ。芸術・科学・日常経験・知覚など、幅広い分野で徹底した思索を行ったアメリカ現代哲学の重要著作。

新編 現代の君主
アントニオ・グラムシ
上村忠男編訳
労働運動を組織しイタリア共産党を指導したグラムシ。獄中で綴られたそのテキストから、いま読み直されるべき重要な29篇を選りすぐり注解する。

孤島
ジャン・グルニエ
井上究一郎訳
「島」とは孤独な人間の謂。透徹した精神のもと、話者の綴る思念と経験が啓示を放つ。カミュが本書との出会いを回想した序文を付す。（松浦寿輝）

ウィトゲンシュタインのパラドックス
ソール・A・クリプキ
黒崎宏訳
規則は行為の仕方を決定できない——このパラドックスの懐疑的解決こそ、『哲学探究』の核心である。異能の哲学者によるウィトゲンシュタイン解釈。

ハイデッガー『存在と時間』註解
マイケル・ゲルヴェン
長谷川西涯訳
難解をもって知られる『存在と時間』全八三節の思考を、初学者にも一歩一歩追体験させ、高度な内容を読者に確信させ納得させる唯一の註解書。

色彩論
ゲーテ
木村直司訳
数学的・機械論的近代自然科学と一線を画し、自然の中に「精神」を読みとろうとする特異で巨大な自然観を示した思想家・ゲーテの不朽の業績。

倫理問題101問
マーティン・コーエン
榑沼範久訳
何が正しいことなのか。医療・法律・環境問題等、私たちの周りに溢れる倫理的なジレンマから101の題材を取り上げて、ユーモアも交えて考える。

哲学101問
マーティン・コーエン
矢橋明郎訳
全てのカラスが黒いことを証明するには？ コンピュータと人間の違いは？ 哲学者たちが頭を捻った101問を、譬話で考える楽しい哲学読み物。

日常生活における自己呈示
アーヴィング・ゴフマン
中河伸俊／小島奈名子訳
私たちの何気ない行為にはどんな意味が含まれているか。その内幕を独自の分析手法によって赤裸々なまでに明るみに出したゴフマンの代表作。新訳。

解放されたゴーレム
ハリー・コリンズ／トレヴァー・ピンチ
村上陽一郎／平川秀幸訳
科学技術は強力だが不確実性に満ちた「ゴーレム」である。チェルノブイリ原発事故、エイズなど7つの事例をもとに、その本質を科学社会的に繙く。

存在と無（全3巻）
ジャン＝ポール・サルトル
松浪信三郎訳
人間の意識の在り方（実存）をきわめて詳細に分析し、存在と無の弁証法を問い究め、実存主義を確立した不朽の名著。現代思想の原点。

存在と無 I
ジャン＝ポール・サルトル
松浪信三郎訳
I巻は、「即自」と「対自」が峻別される緒論「存在の探求」から、「対自」としての意識の基本的在り方が論じられる第二部「対自存在」まで収録。

存在と無 II
ジャン＝ポール・サルトル
松浪信三郎訳
II巻は、第三部「対他存在」を収録。私と他者との相剋関係を論じた「まなざし」論をはじめ、愛、憎悪、マゾヒズム、サディズムなど具体的な他者論を展開。

存在と無 III
ジャン＝ポール・サルトル
松浪信三郎訳
III巻は、第四部「持つ」「為す」「ある」を収録。この三つの基本的カテゴリーとの関連で人間の行動を分析し、絶対的自由を提唱。（北村晋）

公共哲学
マイケル・サンデル
鬼澤忍訳
経済格差、安楽死の幇助、市場の役割など、私達が現代の問題を考えるのに必要な思想とは？ ハーバード大講義で話題のサンデル教授の主著、初邦訳。

パルチザンの理論
カール・シュミット
新田邦夫訳
二〇世紀の戦争を特徴づける「絶対的な敵」殲滅の思想の端緒を、レーニン・毛沢東らの《パルチザン》戦争という形態のなかに見出した画期的論考。

政治思想論集
カール・シュミット
服部平治／宮本盛太郎訳
現代新たな角度で脚光をあびる政治哲学の巨人が、その思想の核を明かしたテクストを精選して収録。権力の源泉や限界といった基礎もわかる名論文集。

生活世界の構造
アルフレッド・シュッツ／トーマス・ルックマン
那須壽監訳
「事象そのものへ」という現象学の理念を社会学研究で実践し、日常を生きる「普通の人びと」の視点から日常生活世界の「自明性」を究明した名著。

死と後世
サミュエル・シェフラー
森村進訳
われわれの死後も人類が存続するであろうこと、それは想像以上に人の生を支えている。二つのシナリオをもとに倫理の根源に迫った講義。本邦初訳。

哲学ファンタジー
レイモンド・スマリヤン
高橋昌一郎訳
論理学の鬼才が、軽妙な語り口ながら、切れ味抜群の思考法で哲学から倫理学まで広く論じた対話篇。哲学することの魅力を堪能しつつ、思考を鍛える！

ハーバート・スペンサーコレクション
ハーバート・スペンサー
森村進編訳
自由はどこまで守られるべきか。リバタリアニズムの源流となった思想家の理論の核が凝縮された論考を精選し、平明な訳で送る。文庫オリジナル編訳。

ナショナリズムとは何か
アントニー・D・スミス
庄司信訳
ナショナリズムは創られたものか、それとも自然なものか。この矛盾に満ちた心性の正体を、世界的権威が徹底的に解説する。最良の入門書、本邦初訳。

日常的実践のポイエティーク
ミシェル・ド・セルトー
山田登世子訳
読書、歩行、声。それらは分類し解析する近代的知が見落とす、無名の者の戦術である。領域を横断し、秩序に抗う技芸を描く。（渡辺優）

反解釈
スーザン・ソンタグ
高橋康也他訳
《解釈》を偏重する在来の批評に対し、《形式》を感受する官能美学の必要性をとき、理性や合理主義に対する感性の復権を唱えたマニフェスト。

ウォールデン
ヘンリー・D・ソロー
酒本雅之訳
たったひとりでの森の生活。そこでの観察と思索の記録は、いま、ラディカルな物質文明批判となり、精神の主権を回復する。名著の新訳決定版。

聖トマス・アクィナス
G・K・チェスタトン
生地竹郎訳
トマス・アクィナスは何を成し遂げたのか。一流の機知とともに描かれる人物像と思想の核心。専門家からも賞賛を得たトマス入門の古典。（山本芳久）

ちくま学芸文庫

神智学《しんちがく》

二〇〇〇年七月十日　第一刷発行
二〇二五年四月二十日　第十七刷発行

著者　ルドルフ・シュタイナー
訳者　高橋巖（たかはし・いわお）
発行者　増田健史
発行所　株式会社　筑摩書房
東京都台東区蔵前二―五―三　〒一一一―八七五五
電話番号　〇三―五六八七―二六〇一（代表）
装幀者　安野光雅
印刷所　三松堂印刷株式会社
製本所　三松堂印刷株式会社

ISBN4-480-08571-8 C0110